本书获浙江万里学院承担的宁波市甬商研究基地和省市一流（重点）学科应用经济学的资助

BIG COUNTRY AGRICULTURE

大国农业

中俄农产品贸易发展研究

▶文　峰　/著

图书在版编目(CIP)数据

大国农业:中俄农产品贸易发展研究/文峰著.—北京:北京大学出版社,2021.5

ISBN 978-7-301-32149-2

Ⅰ.①大… Ⅱ.①文… Ⅲ.①农产品贸易—贸易发展—研究—中国、俄罗斯 Ⅳ.①F752.652 ②F755.126.52

中国版本图书馆CIP数据核字(2021)第070981号

书　　名 大国农业——中俄农产品贸易发展研究
DAGUO NONGYE——ZHONG-E NONGCHANPIN
MAOYI FAZHAN YANJIU

著作责任者 文　峰　著

责 任 编 辑 姚文海

标 准 书 号 ISBN 978-7-301-32149-2

出 版 发 行 北京大学出版社

地　　址 北京市海淀区成府路205号　100871

网　　址 http://www.pup.cn　　新浪微博:@北京大学出版社

电 子 信 箱 sdyy_2005@126.com

电　　话 邮购部 010-62752015　发行部 010-62750672
编辑部 021-62071998

印 刷 者 北京溢漾印刷有限公司

经 销 者 新华书店
730毫米×980毫米　16开本　14印张　156千字
2021年5月第1版　2021年5月第1次印刷

定　　价 68.00元

序

年轻教师的专业发展是中国教育教学事业可持续发展的关键，是学校核心竞争力的最集中体现。本书经过文峰博士不断修改和完善，今天终于与广大专家学者们见面了。作为他的博士导师，我深深感觉到，现在呈现给大家的这份“作品”，不仅促进了他作为一名高校教师的专业化发展，更是他自身对教育教学工作不断进行思考与研究、总结与反思进而达到理论提升的产物。

本书以中国农产品对俄罗斯出口为研究对象，从出口现状、出口增长潜力、增长倾向性、战略性增长领域和产品，以及区域贸易协定网络下中国农产品出口增长的诸多方面入手，实证分析中国农产品对俄罗斯出口增长的特点与变化趋势。为了这样一个研究目标，文峰潜心研究，查阅了大量的中文与外文文献，一遍遍构造理论框架，一次次推翻后又重新确定理论基础……他对一种理论、一种学术观点的执拗，最终也证明了他的严谨和对学问追求的恒心，所以，他一定是一个安安静静做学问的追梦人。

本书认为，中国农产品对俄罗斯出口规模虽然不大，出口增长也有减缓趋势，但中国农产品对俄罗斯出口在当前处于中低技术含量沿扩展边际方向增长阶段,应大有潜力可挖。自由贸易协定的缺位可能是阻碍中俄两国农产品贸易进一步增长的重要因素之一。因此,必须优化出口结构,扩大规模经济,提高出口农产品技术含量。当然,如果能尽快达成有关中俄农产品自由贸易的政策安排,那么,随着贸易便利化所带来的贸易成本的不断降低,即便出口倾向性暂时不变,也会对中国农产品对俄罗斯出口增长产生积极作用。

文峰认为,研究中国农产品对俄罗斯的出口增长,不能局限于出口流量的简单增长,也应考虑出口农产品技术含量的增长变化。不但要关注出口增长的潜力,还要关注潜在的符合战略性贸易政策的细分农产品的识别与扶持。中国农产品对俄罗斯的出口增长不仅仅是中国和俄罗斯两国之间的事,应当置于全球化、区域贸易协定网络的背景下予以分析。

我同意他的观点和结论,也乐意为他的专著作序,我希望他在学术、教育教学的道路上不断取得更大的辉煌!

杨逢珉

2020 年 10 月 1 日

前　言

农业是一国特别是大国政权稳定的压舱石，日本、美国、俄罗斯、法国、德国等，都特别重视本国农业。中国更是每年发布有关农业政策的“一号文件”，并以此作为当年农业发展的指导性、纲领性行动指南。大国博弈，历来是世界发展进程的重中之重，而农业常常成为大国间博弈的重要筹码。

中国与俄罗斯山水相邻，双方在各方面有着很多共同利益并紧密联系，但在农业方面的合作总体上不如其他领域，这与中俄两个大国长远发展战略不甚吻合。特别是考虑到俄罗斯在“一带一路”倡议中所具有的特殊地位，以及特朗普以“美国优先”替换全球化的政策基调已经对中国的各个重要战略方向构成威胁，对于中国农产品，需要有新的可持续发展的关键点，以对冲特朗普逆全球化战略对中国农产品出口可能产生的潜在风险。因而，加深中俄农业经贸合作，扩大中国农产品在俄罗斯的出口，促进中俄两国双边农产品贸易，在当前复杂多变的国际政治经济环境下，显得尤为重要。

本书以中国农产品对俄罗斯出口为研究对象，着眼于中国与俄罗斯农产品贸易的变化与发展规律，采用国际贸易中相对成熟的比较优势理论、战略性贸易政策理论、区域经济合作理论和新贸易理论作为理论依据，通过翔实的数据和严谨的分析工具为读者系统展示了中国农产品出口俄罗斯的现状、增长潜力、增长倾向性、战略性增长、区域贸易协定网络下的出口增长等内容。

全书共8章，第1章和第2章以本书相关理论与方法综述为主，第3至7章各自围绕一个核心主题展开，第8章为本书结论。通读本书，读者将在以下方面受益：

首先，通过阅读第1章和第2章，读者将从总体上了解到本书所研究问题的背景和意义。无论是经典的比较优势理论还是新贸易理论，抑或恰逢时宜的战略性贸易政策与区域性经济合作理论等，相信读者均能从本书中找到有益的启示。而与农产品出口相关的文献综述则更是重点聚焦于国内外有关农产品出口增长研究状况，包括出口贸易流量的增长、出口贸易“质量”的变化、区域经济合作框架下农产品出口增长的潜力，以及战略性贸易政策下的出口增长等重要领域。本书并非简单罗列这些文献，而是结合本书研究内容有针对性地加以评述，以期能引起读者共鸣。

其次，第3章到第7章，遵循由浅入深、循序渐进的路线，各自围绕一个核心问题展开。其中，第3章介绍中国农产品出口俄罗斯的基本现状，中国农产品对俄罗斯出口的贸易平衡、产品结构、增幅变化及其在俄罗斯的市场地位等情况。第4章至第7章通过对中国农产品出口俄罗斯的增长潜力、增长倾向性及其贸易流量与贸易“质量”所构成的倾向性矩阵分析，尝试回答在逆全球化背景下基于区域经济合作扩大中国农产品出口俄罗斯的可能性。这一系列层层递进的分析与论述，能够使读者对中国与俄罗斯这样的大国农产品经贸合作有一个深入的理解和认知。

当然，任何研究都不是完美的，总会有这样那样的遗憾，本书在第8章中全面总结了相关的研究结论，并重点指出了其中的不足之处。

感谢我的恩师杨逢珉教授，以及她的先生张永安教授，两位都是我学业上的引路人、学术上的良师。杨逢珉教授还特意为本书作序，其殷切期许之情，跃然纸上，令我备受鼓舞。

感谢杨丽明、姚文海两位编辑，是你们的辛苦工作，使得本书终于能够付梓出版！期待将来我有更多更好的作品交予你们。

另外，广大读者的阅读是对本书最有力的支持，谢谢你们！

目　　录

第1章 绪　　论

本章从总体上概括本书的研究背景、研究意义、研究目标和研究方法，并指出创新之处与难点。本书从中国农产品对俄罗斯出口现状分析入手，重点着眼于：农产品贸易增长潜力；增长的倾向性；符合战略性贸易政策细分农产品的识别；区域性贸易协定下的农产品出口增长等内容，从而构造出中国农产品对俄罗斯出口增长的一个比较完整的分析框架和逻辑，并依托该框架进行实证分析，得出相应的研究结论。

1.1 研究背景和意义

在WTO多哈回合谈判停滞不前，大国间贸易摩擦与博弈日趋激烈，而各种区域范围内贸易反而呈现蓬勃发展的背景下，如何适应新形势下的贸易大环境，发展并促进大国间双边出口贸易，这已经成为当前中国贸易理论与实践研究的一个热点。已有文献对双边贸易、特别是大国间双边贸易增长产生的原因有大量分析，但少有研究从一国对另一国出口贸易增长可能存在的演变路径的角度对出口贸易增长本身进行全面系统的梳理。本书主要研究中国农产品对俄罗斯出口增长及其变化规律，以期更好地扩大中国农产品对俄罗斯的出口增长。

1.1.1 研究背景

中国和俄罗斯均为“上合组织”①成员国，也都是“一带一路”沿线的重要国家。两国互为陆地边界最长的邻国，共有边界约 4000 公里。从领土面积看，俄罗斯土地非常辽阔，国土面积约 1700 万平方公里，总人口约 1.4 亿，中国国土面积约为 960 万平方公里，总人口约 13 亿。中国国土面积仅为俄罗斯的 56%左右，而中国人口约为俄罗斯人口的九倍多。虽然俄罗斯的地广人稀与中国的地少人多形成了鲜明对比，但俄罗斯大部分国土受自然气候的影响，不利于农作物生长。中国横跨亚热带到寒温带多个温度带，使得中国的农作物生产拥有巨大的多样性，农产品亦呈现多样化特点。显然，在这一巨大自然环境差异背景下，中国农产品对俄罗斯出口理应具有巨大潜力。

中国自改革开放以来，从农村土地包产到户到十八大以来的农村土地确权与流转，农业机械化程度不断提高，农业规模化经营水平稳步上升，农产品内需市场日渐活跃，并逐渐打入国际市场，积极参与国际竞争。2002 年至 2016 年，中国农产品出口总值从 169.76 亿美元增长到 483.89 亿美元，增加了 314.13 亿美元，增幅为 185%。

① 上海合作组织，简称上合组织，是中华人民共和国、哈萨克斯坦共和国、吉尔吉斯斯坦共和国、俄罗斯联邦、塔吉克斯坦共和国、乌兹别克斯坦共和国于 2001 年 6 月 15 日在中国上海宣布成立的永久性政府间国际组织。

中国农产品出口取得了较大进展。但中国农产品对世界出口存在地区不平衡,其中,对美国、日本、韩国及东盟的出口占绝大比例,而对俄罗斯出口所占比例较小。2002年和2016年中国农产品十大出口国或地区如图1.1所示。

由图1.1可知,2002年,中国农产品对俄罗斯出口在中国农产品十大出口国或地区中排名倒数第三(仅4.26亿美元);2016年,中国农产品对俄罗斯出口绝对额虽然有所增长,但排名进一步下滑至倒数第一(12.73亿美元)。可见,俄罗斯并非中国农产品出口的主要目的国。进一步分析图1.1,可以发现中国农产品对十大出口目的国或地区的贸易额分布趋于合理,2016年不再像2002年那样过于依赖日本一个国家。总之,图1.1表明,日本、韩国、中国香港[①]和美国是中国农产品主要出口目的地。中国农产品出口的地区不平衡并没有明显改善。

2002—2016年,世界农产品对俄罗斯出口从103.92亿美元增长到157.11美元,累计增长51.2%。与此同时,俄罗斯GDP从10474亿美元增长到16280亿美元,[②]累计增长55.4%。可见,2002—2016年,俄罗斯对世界农产品需求的增长略低于其经济增长幅度,其农产品进口贸易增长并没有超越其经济增长潜力。

世界农产品对俄罗斯出口变化趋势可以分为三个阶段。第一阶段,2002—2008年,世界农产品对俄罗斯出口总量保持较高速度增长;2009年,美国"次贷危机"蔓延,俄罗斯受到冲击,对世界农产品

① 中国香港是内地农产品重要的转口贸易集散地,也是重要的消费市场,但由于香港自身生产、种植农产品数量极少,在本书后续研究中予以剔除。

② 按2010年美元不变价计算。

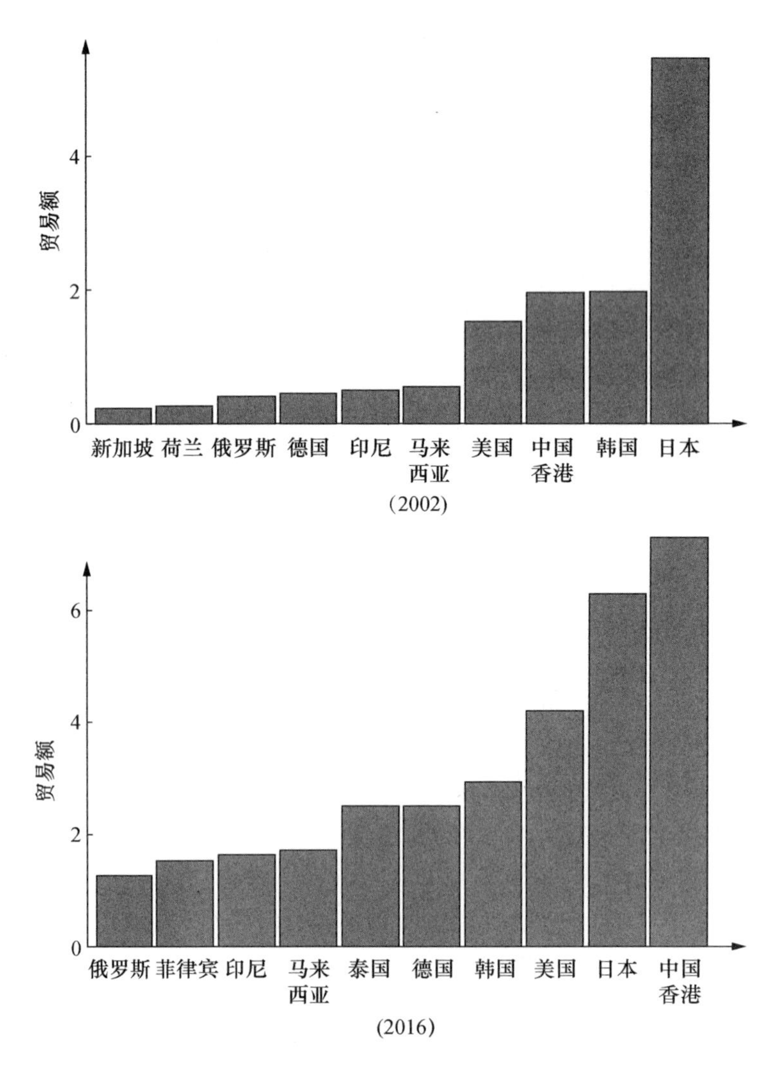

图 1.1　2002 年和 2016 年中国农产品十大出口目的国(地区)(单位:十亿美元)

数据来源:根据 UNComtrade 资料计算。

需求显著下降,因此,2009 年世界农产品对俄罗斯出口仅 247.53 亿美元,明显低于 2008 年的 319.88 亿美元。第二阶段,2009—2013

年后金融危机时代，随着 2012 年俄罗斯正式加入世界贸易组织(WTO)，俄罗斯市场逐步恢复了对世界农产品的需求，在此期间世界农产品对俄罗斯出口总体上保持增长。第三阶段，2014—2016 年，由于乌克兰危机导致美欧等西方国家对俄罗斯实行经济制裁，世界农产品对俄罗斯出口也逐年下降，特别是 2014—2015 年，下降十分明显，从 2014 年的 297.03 亿美元猛降至 2015 年的 185.33 亿美元，下降 37.6%。而到 2016 年，下降趋势有所缓和，相比 2015 年下降 15.22%。(见图 1.2)

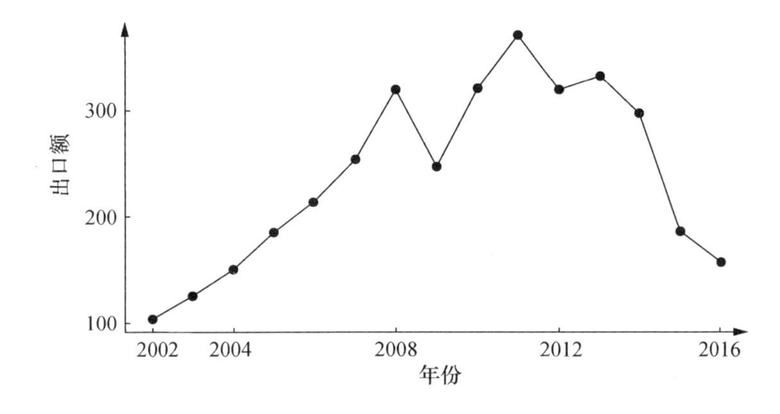

图 1.2　2002—2016 年世界农产品对俄罗斯出口总趋势(单位：亿美元)
数据来源：根据 UN Comtrade 资料计算。

可见，2002—2016 年，世界农产品对俄罗斯出口体现出明显的波动性，说明俄罗斯对世界农产品的需求受世界金融与政治动荡影响较大。2002 年，世界农产品对俄出口约占当年俄 GDP[①] 1%，而到 2016 年，占比仍在 1%左右，这表明，尽管俄罗斯经济发展伴随着对

① 按 2010 年不变价。

世界农产品需求绝对额的增长，但世界农产品对俄出口在俄罗斯经济总量中份额很低，对俄罗斯影响较小；同时，也意味着世界农产品对俄出口贸易存在较大增长空间。

因此，本书的研究构建在西方对俄经济制裁后，世界农产品对俄出口变化总体较大幅度下降，而中国农产品又需要进一步改善出口地域分布，进一步寻找在“一带一路”范围内农产品出口多元化新机遇这一大课题的基础之上。不言自明，基于中、俄两国不断紧密的政治经贸联系，中俄两国均有进一步加强农产品双边贸易的迫切愿望。一方面，由于西方的经济制裁，俄罗斯需要寻找可靠的农产品的替代供应国家；另一方面，打开“一带一路”农产品输出通道，也必将为中国农产品出口增长带来新的机遇。

1.1.2 研究意义

现阶段，俄罗斯虽然不是中国农产品出口的主要目的地，但由于俄罗斯在“一带一路”倡议中所具有的特殊地位，使得研究如何促进中俄两国双边农产品贸易，特别是扩大中国农产品对俄罗斯的出口具有重要的现实意义和战略意义。

长期以来，中国农产品主要出口市场集中于日本、韩国及东南亚一带。这在某种程度上反映出中国农产品出口区域的不平衡性，一旦原有传统出口目的地由于某种原因如贸易摩擦而受到冲击，在缺乏新的出口目的地替代的情况下，将可能导致中国农产品出口的大幅下降。因而，研究扩大对俄罗斯的农产品出口，有助于对冲农产品出口风险。

中俄同为安理会常任理事国、“金砖国家”、20国集团重要成员、

"一带一路"沿线最重要的两个国家,互为边界线最长的邻国,在世界范围内有着广泛的共同利益。因此,发展中俄农产品双边贸易,促进中国农产品对俄罗斯出口,为俄罗斯提供一个可靠的农产品来源,对进一步巩固中俄战略互信,增强两国人民的福利,具有重要的战略意义。

总之,无论是从现实还是战略的角度,研究中国农产品对俄罗斯出口,促进有质量的、长期稳定的双边贸易增长,充分挖掘俄罗斯市场贸易潜力,对中国农产品及相关企业随"一带一路"倡议走出去尤为重要。

1.2 研究目标和内容

1.2.1 研究目标

本书的主要研究目标是,在实证分析的基础上,较为全面、系统地把握中国农产品对俄罗斯出口增长变化的脉络,既要从数量上分析具体农产品对俄出口的相关增长变化情况,又要从技术含量上分析农产品对俄出口增长变化特征,从而为有关的政策建议提供依据。

1.2.2 研究内容

本书主要研究2002—2016年中国农产品出口俄罗斯的增长情况。在分析现状的前提下,从农产品出口的潜力出发,围绕"质"与"量"两个维度,系统研究在给定区域内中国农产品出口到俄罗斯的发展变化。

首先，在“一带一路”背景下，本书运用扩展引力模型分析中国农产品对俄罗斯出口的潜力，并通过贸易强度指数和区域贸易集中度指数进一步分解潜力，找到具体的有发展潜力的农产品类别。其次，分析中国农产品对俄罗斯出口增长的倾向性。本书所指“倾向性”包括：(1) 出口贸易流量的倾向性，即增长是沿扩展边际方向还是沿集约边际方向；(2) 出口“质量”的倾向性，即增长是沿高技术含量方向还是低技术含量方向。在运用二元边际分析的基础上，通过显性比较优势指数、显性技术含量指数，进一步分析中国对俄罗斯出口的农产品比较优势，采用聚类分析深入考察显性比较优势的分类及变化，并揭示这种比较优势与出口二元边际指标的内在联系，从而在贸易流量和贸易“质量”两个主要方面把握中国农产品出口俄罗斯的全貌和细节区分信息。再次，研究潜在的符合战略性贸易政策的农产品增长，即研究如何识别中国对俄罗斯出口的农产品中符合战略性贸易政策的细分农产品及促进其出口增长的可能性。① 在全面考察中国农产品全球比较优势的基础上，通过对显性比较优势的深入分析，识别出潜在战略性细分产品，并对识别出的农产品及所在产业实施要素补贴政策，从而探索如何把中国农产品做大做强，增强对俄罗斯出口竞争实力的可行路径，以保持中国农产品对俄罗斯出口贸易有质量地、可持续性增长。最后，分析“一带一路”沿线主要国家所构造的区域贸易协定的网络特征，并在这个前提下，结合叶芝(1997)RIT指数具体分析中俄两国农产品贸易的区域集中度，以确定中俄农产

① 为简化起见，本书将有关战略性贸易政策相关思想指导下的出口增长概称为“战略性增长”。

品双边贸易是否满足“自然贸易伙伴”假说，并进一步通过演绎，分析在构建中俄农产品自由贸易协定有关农产品政策时对出口增长倾向性和战略性增长可能的影响。

第1章“绪论”，主要阐述研究背景和研究意义，研究目标和研究内容，研究方法和研究框架，以及创新点、研究难点和不足。

第2章“相关理论与文献综述”，相关理论主要包括：比较优势理论、战略性贸易政策理论、区域经济合作理论和新贸易理论[①]等。其中，对比较优势理论的运用贯穿于本书始终，而其他如战略性贸易政策理论、区域经济合作理论以及新贸易理论及其衍生的新新贸易理论也从不同角度为本书的研究提供了一定的理论支持。文献综述着眼于国内外有关农产品出口增长研究状况，主要从出口贸易流量的增长、出口贸易“质量”的变化，区域经济合作框架下的农产品出口增长的潜力，以及战略性贸易政策下的出口增长四方面的文献展开阅读和学习借鉴。与此同时，有针对性地予以评述，以便在本书的研究开始前对相关研究有一个基本认识。

第3章“中俄农产品贸易现状及存在的主要问题”，从中国农产品出口俄罗斯的现状分析着手，主要探讨中国农产品对俄罗斯出口的贸易平衡、产品结构、增幅变化及其在俄罗斯的市场地位等情况。通过常用的描述性统计指标，获得了中国农产品在俄罗斯市场的总体概况。同时，将中国农产品出口“一带一路”沿线主要国家与俄罗斯作对比分析，以发现中国农产品对俄罗斯出口存在的主要问题。例如，中国农产品对俄出口总量不大、结构不尽合理等。

---

① 建立在新贸易理论基础上的企业异质性贸易模型也称为新新贸易理论。（Melitz，2008）

第4章"中国农产品对俄罗斯出口增长的潜力研究"，首先，采用扩展的引力模型，分析影响农产品出口潜力的因素。基于比较优势理论，采用扩展引力模型分析出口增长流量及其影响因素。一般而言，这些因素包括出口国人均GDP、进口国市场容量、双边距离、其他影响贸易成本的因素等。在此基础上，进一步展开贸易潜力的实证分析。其次，通过分析中俄农产品贸易强度与互补性、产品结构相似性，明确具备增长潜力的农产品具体类别。在测度贸易潜力时，本章的讨论将在"一带一路"沿线主要国家这个设定区域内展开，这使得中国农产品对俄罗斯出口增长潜力的实证研究更具有现实意义。

第5章"中国农产品对俄罗斯出口增长的倾向性研究"，本书中，倾向性包括贸易流量的倾向性与贸易"质量"的倾向性。针对贸易流量增长的倾向性，本章将采用两种不同的边际分析方法，以相互补充。第一种方法是采用Hammels和Klenow构造的出口二元边际指标，研究出口增长的倾向性。这种倾向性包括，农产品的二元边际变化，以及出口总流量的二元边际分析。第二种方法是采用*A Practical Guide to Trade Policy Analysis*中的"边际"计算公式，以2002年为基准，从贸易关系的新建、维持与消失三个维度计算出口增长的"扩展边际""集约边际"和"消失边际"。第一种方法在测度出口增长的倾向性时，不需要确定"基准年"，反映的是测度当年出口国贸易增长的"动态"边际倾向性。与第一种方法不同，第二种方法需要设定一个"基准年"，据此计算的边际反映了出口国贸易增长的"静态"边际倾向性。而对于贸易"质量"的倾向性主要采用技术复杂度、整体技术附加值等指标进行分析。在本章的最后，还将贸易流量的倾向性与贸易质量的倾向性结合分析，构造统一的农产品出口增长倾向性矩阵，并试图找出两者之间的内在联系。

第6章“中国农产品对俄罗斯出口增长的战略性研究”，依据战略性贸易理论及其内在逻辑，重点分析中国对俄罗斯出口的农产品集合中潜在符合战略性贸易政策细分的农产品识别与要素补贴。本章将借助第4章有关显性比较优势和第5章有关技术含量的计算与分析结果，对中国出口农产品进行甄别，以发现具有潜在战略性产业特征的细分产品及其所在的细分产业。进一步地，在不违背世贸组织有关农产品补贴约束的前提下，本章还将讨论如何对已识别的细分产业进行要素补贴。本章的研究主要为中国农产品出口扩大新的市场、巩固既有市场份额提供一种较新颖的思路。

第7章“区域经济合作背景下扩大中国农产品对俄罗斯出口”，从区域经济合作的战略角度出发，基于“一带一路”的大背景，分析如何构建中俄农产品贸易增长机制问题。主要包括：(1) 在农产品领域，中俄“自然贸易伙伴”与区域贸易集中度的度量，并进一步探讨了二者各自对中俄农产品贸易的影响；(2) “一带一路”背景下，构建中俄农产品出口增长机制应当考虑的因素，以及相关机制对出口增长的影响。

第8章“结论、政策建议与展望”，全面总结研究结论，并指出不足之处。主要结论包括：(1) 中国农产品对俄罗斯出口潜力较大；(2) 出口增长的倾向性表现为以中低技术含量为主沿扩展边际增长；(3) 符合潜在战略性贸易政策的农产品有待进一步培育；(4) 中俄自由贸易协定的缺位不利于农产品贸易的持续增长。根据本书研究的结论，提出了六点政策建议，主要有全面分析俄罗斯市场的真正需求、提高对俄出口农产品质量、做大做强具有潜在战略性增长的细分农产品类别、深化区域贸易合作背景下的农产品贸易，以及优化中俄农产品贸易的营商环境和加大对农业的资本投入等。最后，本书也对以后进一步的研究，提出了两个研究展望。

1.3 研究方法和框架

1.3.1 研究方法

1. 文献分析法

学术研究总是建立在前人已有研究的基础之上，因此，有必要认真搜集、研读相关文献，并系统分析有关文献研究成果。笔者通过高校图书馆网络数据库资源、网络公开搜索工具等搜索引擎获得的网络资源、高校图书馆藏书资源等，获得与本研究相关的丰富文献资料。在认真研读这些文献的基础上，系统梳理了相关文献的研究内容、所采用的理论、研究方法及所得到的研究结论。文献分析的重点是把握相关文献在研究中国农产品出口增长、战略性贸易政策及双边区域经济合作等领域的主流方向、研究脉络及最新研究成果，从而为构建本书分析框架提供借鉴。在文献分析过程中，也适当关注现有研究的某些不足，并尝试在本书中提出新的观点。

2. 理论与实际相结合的分析方法

国际贸易理论流派众多，各有侧重，但不容置疑的是，比较优势理论是国际贸易中最为基础的理论。本书主要以比较优势理论作为研究的理论基础，同时，基于中国农产品对俄罗斯出口的实际数据，以及中俄两国在农业与农产品双边贸易合作的现实情况，考察了促进中国农产品对俄罗斯出口存在的主要问题并提出了相应的政策建议。

与此同时，本书将传统的比较优势理论与现代基于“算法”的聚类分析结合起来，深入探讨出口农产品显性比较优势的测度、判定与分类，结合对出口农产品技术含量增长变化的分析，从而更深层次地理解出口农产品长期增长“质”与“量”两者之间的内在含义。同时，将网络分析方法同区域经济合作的分析结合起来，更好地把握区域经济合作背景下两国农产品贸易，特别是中国农产品对俄罗斯出口增长的发展变化。

相较于传统的比较优势理论与区域经济合作理论，聚类分析和网络分析更偏向于实际的数据分析应用。因而，将两者结合起来，有利于从实际的农产品出口相关测度中找到相应的变化规律，并结合比较优势理论、区域经济合作理论，更好地解释现实。

3. 定性与定量相结合的分析方法

本书在分析中国农产品对俄罗斯出口的影响因素时，基于比较优势理论等不仅从理论上定性分析了导致出口贸易流量变化的包括距离、市场容量，是否同为某一特定国际组织等相关因素，及其变化的机理，而且以量化指标分析了中国农产品出口俄罗斯的贸易潜力，为我们认识中国农产品出口俄罗斯的细分种类、增长潜力等提供了依据，根据相关指标分析结果，通过扩展引力模型实证分析影响中国对俄罗斯农产品出口增长的各项因素、评估贸易潜力和贸易效率；并对出口二元边际变动与显性比较优势及技术复杂度的Granger因果关系进行实证分析。采用显性比较优势等指标，运用K-means聚类分析方法，实证分析各类农产品的竞争优势，以识别可能的潜在符合战略性贸易政策的细分农产品。通过实证分析，进一步深入研究中国农产品出口俄罗斯增长规律及所面临的问题。

总之，在文献分析法、理论与实际相结合的分析方法，以及定性与定量相结合的分析方法所得到的相关结论的基础上，进一步比较中俄两国农产品出口的互补性、竞争性与发展潜力，为区域性贸易协定与贸易政策的制定提供依据。同时，设定可能的区域协定贸易网络联结场景，并在设定的场景下，对中国农产品出口俄罗斯增长的有关问题加以演绎，为达成中俄有关农产品的自由贸易政策安排提供决策参考。

1.3.2 研究框架

图 1.3 给出了本书的研究框架，具体包括理论基础、分析工具、

理论基础
- 比较优势理论
- 战略性贸易政策理论
- 区域经济合作理论
- 新贸易理论

分析工具
- 贸易流量分析工具：扩展引力模型；出口产品边际分析
- 贸易质量分析工具：显性比较优势；产品技术含量；整体技术复杂度
- K-means聚类分析
- 贸易潜力测度：扩展引力模型；贸易强度指数；区域贸易集中度
- 战略性细分产业识别：显性比较优势；
- 自然贸易伙伴与区域：互补性指数；竞争性指数；贸易强度指数；区域贸易集中度；小世界网络模型

实证分析
- 基于扩展引力模型分析贸易流量的影响因素，并进一步实证贸易潜力
- 基于显性比较优势、技术复杂度与K-means聚类分析贸易增长质量，及对出口农产品贸易“质”与“量”的格兰杰（Granger）因果检验
- 潜在战略性细分产业识别实证分析与要素补贴政策
- 自然贸易伙伴识别、区域贸易协定网络与农产品双边贸易政策应对

研究结论
- 总结全文研究成果
- 提出促进中国农产品对俄罗斯出口的建议
- 下一步的研究展望

图 1.3 研究的技术路线

实证分析与研究结论四大部分内容。该研究框架界定了本书研究的基本内容和方法。

1.4　可能的创新点、研究难点和不足之处

1.4.1　可能的创新点

首先，本书将聚类分析全面用于显性比较优势的分类，从而避免了对经验的过分依赖，通过算法对约160个经济体显性比较优势的聚类分析，获得相应的分类准则，并将其运用于特定国家出口农产品的显性比较优势分类。这种分类既可以对某一个时点的出口显性比较优势进行分类，也适用于对一段时期的出口显性比较优势进行分类，从而为聚类分析等日益流行的机器学习算法工具与显性比较优势等传统国际贸易分析工具的结合运用进行了有益的探索。

其次，将出口二元边际同显性技术含量指数结合起来研究，构造出口增长倾向性矩阵。

最后，将显性比较优势指标用于潜在战略性贸易细分产业的识别，从而为扩大显性比较优势指标（RCA）的适用范围进行了有益的探索。

1.4.2　研究难点

本书研究的难点主要表现在以下两个方面：第一，在国内的国际贸易研究领域，采用K-means聚类等机器学习工具作为主要研究工

具的相关文献比较少，多见的是将它作为辅助的研究手段。主要原因在于机器学习工具并非基于传统的经济理论模型，而是完全基于数据自身的有关特征变化。在 K-means 聚类分析中，如何选择数据的有关特征值是一个难点，本书尝试采用显性比较优势指标（RCA）在一段时间的“均值”及“调整后的标准差”作为 K-means 聚类分析的两个特征值；[①]第二，数据的一致性整合是另一个难点。所谓数据一致性整合是指在研究中通过编程的方式清洗、规整数据，使得有关数据在研究的所有层面、所有实证分析中均保持一致性。因此，本书采用所有可以得到的数据，基于 Python[②] 编程清洗数据，借助 Python 和 R[③] 语言的数据分析包，在确保数据一致性前提下展开实证分析。

1.4.3 不足之处

本书从出口增长潜力、增长倾向性、战略性增长与区域经济合作四个方面系统梳理、实证分析了中国农产品对俄罗斯出口增长变化趋势。但在以下三个方面尚存在不足之处：

1. 出口增长倾向性分析有待进一步改进

出口增长倾向性是本书分析的重点，也是难点之一。对贸易流量倾向性而言，鲜有文献将出口二元边际（Hummels & Klenow，2003）的方法用于贸易流量的倾向性测度。比较优势理论和传统贸易理论从要素的丰裕程度推导出产品出口比较优势及倾向性的特点，但并没有解释哪种要素的丰裕程度使得贸易流量的倾向性是偏

---

① 具体详见第 6 章。
② 本书采用 Python3.5.3。
③ 本书采用 R3.3.1，GUI 采用 RSudio1.0.44。

扩展边际的抑或偏集约边际的。因而,用出口二元边际来测度出口贸易流量的倾向性可能需要更多的研究进行印证。

影响出口增长倾向性的两个因子分别为贸易流量倾向性与贸易“质量”[①]倾向性。考虑到对贸易流量而言,扩展边际与集约边际的计算是基于一国实际贸易数据,而产品技术含量则是基于全世界同类产品数据。如果“高收入国家出口高附加值产品”的假定成立,那么,无论出口贸易流量倾向性是偏集约边际还是扩展边际,对劳动密集型的低收入国家而言,其出口产品的低技术含量的事实就基本确定了。[②] 因此,本书引入出口贸易倾向性矩阵,最主要的目的在于将中国农产品出口俄罗斯的两大主要特征即出口贸易流量与出口贸易“质量”纳入统一的倾向性矩阵分析框架,从而在更高的层面全景式地观察、实证分析中国有关农产品对俄罗斯出口增长的变化特点。

2. 农产品出口“战略性”增长分析过于倚重比较优势

首先,基于一个现实,即中国农产品总体上虽在部分品种的出口额上领先,但“大而不强”,没有可以用于实证分析的以中国特定农产品为主导的垄断性农产品市场;其次,Krugman(1980)指出,实施战略性贸易政策的首要问题是如何找到目标产业,[③]因此,本书转而将研究重点放在如何寻找潜在的相关目标细分产品方面。

比较优势是国际贸易的基石,用于量化比较优势的指标似乎不多,常见的是显性比较优势RCA(Balassa, 1965),但用显性比较优势

---

① 也可直接使用“产品技术含量”一词,在本书中,出口贸易“质量”与出口产品技术含量含义一致。

② 对中国而言,可能存在不同观点,文献统称为“Rodrik”悖论,有关文献见本书第2章。

③ 见本书第6章。

指标来寻找潜在的符合战略性贸易政策的细分农产品存在两个障碍，即：(1) 如何判断一段时期的显性比较优势，有文献采用一段时间的均值，本书则基于 K-means 算法，该算法虽然避免了研究者主观判断之弊端，但由于类似分类研究极少，本书很难找到参照性的文献，以衡量采用 K-means 对一段时间显性比较优势进行分类的可行性；(2) 显性比较优势从其计算公式而言，显然不是为了测度某类农产品是否具有“寻租”能力，以及“寻租”能力的大小。事实上，符合战略性贸易政策的农产品必定具备极强显性比较优势，[①]但具备极强显性比较优势的农产品并不等于自动符合战略性贸易政策。也就是说，前者是充分条件，而后者只是必要条件。有鉴于此，本书在识别潜在符合战略性贸易政策的具体农产品时，过分倚重显性比较优势，得到的农产品集合可能偏大。因此，从培育的角度出发，本书仅仅选择一段时间显性比较优势最高(包括在全世界及俄罗斯市场)的农产品类别，作为可能的潜在符合战略性贸易政策的备选农产品，但并不是说，选定的潜在细分农产品通过一定的要素补贴的扶持后，就自然而然地成为符合战略性贸易产业政策的产品，这其中尚有许多问题需要进一步研究。

3. “一带一路”区域性贸易协定网络的构建与分析需进一步完善

本书为了聚焦所研究的问题，仅从中国对“一带一路”累计直接投资前十的国家[②]，外加日本、韩国与美国等三个虽没有参与中国“一带一路”倡议，但显然对该倡议可能有影响的国家进行分析。“一带一路”倡议是一个开放、包容的架构，如果网络节点偏少，有可能缺

---

① 这类农产品具有定价权和很高的“寻租”能力，对国际市场的影响是决定性的。

② “直接投资累计前十国家”参见第 4 章有关附注。

乏代表性。本书的分析已经指出了“一带”国家与“一路”国家在贸易协定网络上是割裂的现实,所不足的是,没有纳入更多的节点国家,使得所构建的“一带一路”贸易协定网络稍显简单,所包含的信息不够全面。

本章小结

当世界开始逆全球化进程时,区域经济合作与双边贸易却发展迅速,以对冲停滞不前的多边贸易带来的负面作用。对于中俄两个大国来说,战略回旋余地较大,要素互补性较强。因此,研究中俄两国农产品的双边贸易,特别是中国农产品对俄罗斯出口贸易的变化规律,可以为中俄双边农业的长期健康发展提供有益的启示。本章还简要归纳了研究所用到的相关方法,在某些方面作了一些有益的尝试,但鉴于有关分析工具用于农产品贸易的研究尚不多见,本书也特别指出了研究存在的不足之处。

第2章　相关理论与文献综述

国际贸易理论和分析国际贸易实践的工具很多，笔者对与本书研究相关的理论及文献进行了梳理和学习，并作了简明扼要的述评。

2.1　相关理论

2.1.1　比较优势理论

比较优势理论是国际贸易理论的基础。2009年，克鲁格曼认为，“如果一个国家在本国生产一种产品的机会成本（用其他产品来衡量）低于在其他国家生产该种产品的机会成本，则这个国家在生产该种产品上就拥有比较优势（comparative advantage）。从克鲁格曼的这个定义可以看出，所谓比较优势，是指国与国之间的比较，他假定，在同一个国家内部，所有企业的劳动生产率是相同的。因此，克鲁格曼所认为的比较优势又可以表述为：在两国之间，劳动生产率的差距并不是在任何产品上都是相等的。每个国家都应集中生产并出口具有比较优势的产品，进口具有比较劣势的产品（即“两优相权取其重，两劣相衡取其轻”），双方均可节省劳动力，获得专业化分工提高劳动生产率后的好处。

比较优势理论在国际贸易研究中主要有两大流派：(1) 基于国与国之间劳动生产率差异比较的李嘉图模型；(2) 基于国与国之间要素禀赋差异比较的 H-O 模型。两大流派都建立在国与国之间的比较基础之上，如果考虑到劳动生产率也是要素禀赋的一部分，那么，基于劳动生产率的李嘉图模型可以理解为基于要素禀赋差异比较的 H-O 模型的一个特例。

1. 李嘉图模型

大卫·李嘉图的比较优势理论认为每个国家要生产的商品并不仅限于本国具有绝对优势的产品，而是应按照比较成本差异进行国际分工，各国生产具有比较优势的产品并进行贸易，就可获得比较利益。

(1) 李嘉图模型基本形式

最简单的李嘉图模型基本形式为两个国家、两种产品，其基本假设为：劳动是唯一生产要素，且一国内部劳动可零成本自由流动，而两国间劳动要素不发生流动。每一个国家均生产两种产品，但各产品的劳动生产率 L 不相同。

基于以上假设，对 i，j 两个国家，c，w 两种产品建模如下：

$$\frac{L_c^i}{L_w^i} < \frac{L_c^j}{L_w^j} \tag{2-1}$$

式 2-1 表明，i 国生产 c 产品的相对劳动生产率（以 w 为参照物）要低于 j 国生产 c 产品的相对劳动生产率（以 w 为参照物）。式 2-1

的不等式是任意的，如果“＜”变成“＞”，不影响模型结论。由式 2-1 可知，对 j 国而言，生产 c 产品具有相对比较优势。因此，不难得出模型的基本结论：一国某产品的劳动生产率如果相对于另一国具有相对比较优势，说明该国生产该种产品的机会成本相对较低，因而在国际贸易竞争中具有比较优势。更进一步，一国应当出口本国相对比较优势产品，进口本国相对劣势产品。应当指出，根据李嘉图模型，相对优势才是决定两国贸易的唯一因素，而不是绝对优势。

（2）李嘉图模型的拓展

最初的李嘉图比较优势理论是以劳动价值论为基础，但后来的研究逐步转为以技术要素作为分析的支点，借助 19 世纪中后期兴起的“边际革命”，传统的李嘉图模型也就顺理成章地纳入新古典经济学的框架下。李嘉图模型的拓展主要体现在多国家、多产品两个方面。其中比较重要的有 Dornbusch、Fischer & Samuelson（1977）提出的两国连续产品模型（DFS 模型），以及 Eatom & Korton（2002）提出的多国模型（EK 模型），这两个模型是李嘉图模型在理论和实证方面拓展研究的重要成果。

DFS 两国连续产品模型在[0，1]的连续产品空间上，通过供求一般均衡分析确定两国有效生产专业化边界（$\tilde{z}$）和均衡时的相对工资（$\tilde{w}$）。达到均衡时，本国专业化生产并出口具有比较优势商品的范围为 $0\leqslant z\leqslant \tilde{z}$，外国生产并出口具有比较优势商品的范围为 $\tilde{z}\leqslant z\leqslant 1$。达到均衡时，就可以根据相关方程确定均衡时的相对价格结构。DFS 模型可用于考察比较静态分析，国家规模相对变动、技术进步等多种因素对均衡点相对工资和生产边界的影响，并成为其他研究者深化这方面研究的重要基础。

EK模型是对DFS模型的进一步扩展。该模型加入技术差异、地理环境及中间产品等因素，可为不同层面的贸易流分析提供实证基础，在国际贸易理论和实证研究中得到广泛应用。EK模型成功地解释了国家间贸易流量，但是并没有解决两国间贸易模式问题。相对而言，EK模型为李嘉图比较优势理论的实证研究提供了有力的理论和工具支持。

总体而言，基于李嘉图模型及其拓展所进行的实证研究范围十分广泛，几乎包括了国际贸易的各个方面。因此，与其说基于单一劳动要素的李嘉图模型是一个独立的理论模型，不如说李嘉图模型是所有其他贸易理论的基础。李嘉图模型最重要的理论贡献为揭示了国际贸易产生的根本原因在于两国比较优势的差异。

2. H-O模型

H-O模型是指俄林与其老师赫克歇尔提出的要素禀赋理论。该理论认为国际贸易是以要素丰裕程度为基础的。H-O模型的基本命题表现为一国应当出口由于某种要素的丰裕而形成比较优势的产品，进口由于某种要素稀缺而处于比较劣势的产品。[①] 根据H-O模型基本命题，所有参与贸易国都应生产并出口该国要素相对充裕的产品，进口其要素相对稀缺的产品。

萨缪尔森基于H-O理论提出了要素均等化定理，根据该定理，参与贸易的各国的生产要素差异将逐步缩小；Vanek(1968)考察了两国多产品下的要素禀赋情形，进一步指出，在自由贸易前提下，劳动要素相对丰裕国家将成为净劳动要素输出国，而资本要素相对丰裕

① 参见赵伟：《高级国际贸易学十讲》，北京大学出版社2014年版，第149页。

国家则成为净资本要素输出国。理论界将 Samuelson、Vanek 等代表性人物在要素禀赋理论方面的研究成果也一并归入要素禀赋理论范畴，统称 H-O 理论。

2.1.2 战略性贸易政策理论

Barbara Spencer & James Brander(1985)，还有 Krugman(1985)等通过重新思考国际贸易发生的原因，基于“规模经济”与“不完全竞争”等新古典经济学理论基础，提出战略性贸易政策理论。战略性贸易政策理论假定，激烈的国际市场竞争和规模经济导致行业进入门槛不断抬高，最终形成少数具有双寡头垄断性质的贸易格局。

为简要阐述战略性贸易政策理论模型，Barbara Spencer & James Brander(1985)基于不完全竞争市场结构，建立了一个“2-2-1”贸易模型，也就是两个国家即本国和外国，两个企业即本国企业和外国企业，一种产品的贸易模型，该模型通过两国企业的博弈行为来描述各自的贸易政策。根据 Barbara Spencer & James Brander(1985)的基本模型，两国战略性产业进行产量竞争，假定本国企业得到政府补贴，而外国企业没有，两个企业的生产成本函数相同。本国企业由于获得政府补贴承诺而率先行动，外国企业根据本国企业行动相关信息采取行动。因此，假定这是一个 Stackelberg(1934)完全信息动态博弈，[①]并且有：

$$\pi_1 = q_1 p(q_1, q_2) - \frac{1}{2}bq_1^2 + sq_1 \quad (2\text{-}2)$$

① 转引自汪贤裕，肖玉明．博弈论及其应用[M]．北京：科学出版社，2008：86。

$$\pi_2 = q_2 p(q_1, q_2) - \frac{1}{2} b q_2^2 \tag{2-3}$$

$$p(q_1, q_2) = a - q_1 - q_2 \tag{2-4}$$

$\pi_i, i=(1,2)$分别表示本国企业利润和外国企业利润，$q_i, i=(1,2)$表示分别本国企业出口数量和外国企业出口数量。$\frac{1}{2}bq_i^2, i=(1,2)$分别表示本国企业和外国企业的成本函数。$s$为本国企业从政府获得的单位产品补贴。$a$表示价格上限。

对式(2-2)和(2-3)分别求偏导，并令其为0，可以得到两公司各自产量的最优逆向归纳解。为此，先求得公司2的反应函数：

$$q_2 = \frac{a - q_1}{2 + b} \tag{2-5}$$

再计算公司1在预测到公司2的反应函数后进行的产量决策。即：

$$q_1 = \frac{a(b+1) + s(b+2)}{2(b+1) + b(b+2)} \tag{2-6}$$

从式(2-6)可知，如果本国企业获得政府补贴，并率先采取行动进入目标市场，则外国企业只能根据本国企业的产量作出相应的反应，且随着补贴的增加，本国企业出口产量也随之增加，而由式(2-5)可知，在市场最高限价a不变的前提下，本国企业出口产量的增加将削减外国企业出口产量，从而逐渐被挤出目标市场。

更进一步地，Barbara Spencer & James Brander(1985)推导出三个重要结论。(1) 本国补贴的增加将导致该产品的世界价格下降，同时本国利润增加、外国利润降低；(2) 本国企业获得补贴越多，出口激励越强烈；(3) 不考虑补贴，在最优关税条件下，本国企业将成为市场主导者，外国企业将逐渐被挤出市场。

在具体运用该模型进行贸易政策分析时，应当遵循 Krugman (1985)的观点，即尽管对特定战略产业的补贴会促进该产业的出口，但应当看到，补贴本身是有成本的，有可能牺牲国内其他产业的福利，因此，要考虑政府对贸易政策干预的合理性和必要性；同时，政府的补贴要有助于进一步提高企业形成“租”的能力和“外部经济性”，以便于本国其他相关企业能间接获得补贴所带来的福利。

但无论 Barbara Spencer & James Brander(1985)还是 Krugman (1985)，他们的研究都只是针对发达国家已经存在的战略性产业部门进行识别、补贴。对于发展中国家而言，很难有诸如飞机、汽车及计算机芯片等这样高“租金”，且外部经济性明显的战略性产业，更多的是所谓“幼稚性产业”。这表明，如果从比较优势的基本含义来看，发达国家的战略性产业往往也是与发展中国家相比具有比较优势的产业，发展中国家在战略性贸易竞争中天然处于劣势地位，也就是 Stackelberg 博弈模型中的追随者。

2.1.3 区域经济合作理论

国家间贸易的不平衡导致全球化遭到越来越多国家和经济体的抵制，但另一方面国家间区域经济合作的发展却欣欣向荣。对于大国而言，在构建人类命运共同体的过程中，加强区域经济合作是一个重要的推手。

区域经济合作理论的核心是区域经济一体化，因此，本部分主要梳理经济一体化理论，同时也适当兼顾其他区域经济合作理论文献。

1. 区域经济一体化理论

区域经济一体化表现形式由低到高可以具体分为：自由贸易区、

关税同盟、共同市场、经济同盟和完全的经济一体化五个阶段。本书将自由贸易区和关税同盟作为讨论的重点。

自由贸易区(FTA)是一种较为灵活的区域经济一体化表现形式。首先,在自由贸易区内部实行免除关税及其他贸易障碍的域内自由贸易,但各国对自由贸易区外其他国家产品进口保留征税权利,只不过税率由各国自行确定,无须统一;其次,为了区分自由贸易区内国家产品与区外产品,实行"原产地"规则。也就是说,自由贸易协定各缔约国之间相互出口产品及服务,享受免关税及其他旨在降低双边贸易障碍的举措,而对非缔约国,则仍然存在关税及其他贸易限制举措。

关税同盟是由美国著名经济学家维纳(Viner,1950)提出的,指两个或两个以上国家缔结协定,建立统一的关境,在统一关境内缔约国相互间减让或取消关税,对从关境以外的国家或地区的商品进口则实行共同的关税税率和外贸政策。

从静态角度看,关税同盟可以产生贸易创造和贸易转移两个主要的静态效应。假设国家 i 和国家 j 同属于一个共同的区域贸易协定,而 k 国不属于。在有关区域贸易协定(Regional Trade Agreement, RTA)形成后,若 i 国从 j 国进口增加而从 k 国进口减少,则意味着发生贸易转移;若国家 i 从国家 j 及国家 k 的进口都增加,则意味着发生了贸易创造。[①] 显然,一个好的 RTA 应该是贸易创造大于贸易转移的,如果贸易转移效应大于贸易创造,那么,该区域的贸易总体上并没有真正地增加。

---

① 参见张磊等.贸易政策分析实用指南[M].北京:对外经济贸易出版社,2013。

从动态角度看，在同一关境内，关税取消后，有利于资源配置，获得规模竞争优势，有利于各成员国相互间投资和技术进步。

关税同盟一旦建成，在关境内的区域经济整合会进一步推进。一般来说，关税同盟最终的发展方向是完全经济一体化。区域经济整合的一般路线图为从特惠贸易协定（Preferential Trade Arrangement，PTA）、自由贸易协定（Free Trade Agreement，FTA）逐步过渡到关税同盟（Custom Union，CU）乃至完全经济一体化（Full Economic Integration，FEI）。①

与关税同盟类似，自由贸易区也会发生贸易创造（贸易偏转）。由于自由贸易区域内各国的生产要素价格不同，且存在生产率差异，拥有较低要素价格和较高生产率的国家可以获得最大出口利益，从而发生贸易偏转，即自由贸易区内具有比较优势的一国可以利用零关税规则将其生产的产品出口到自由贸易区内所有国家，而该国自身对该产品的需求不足部分则从自由贸易区域外国家进口。同时，自由贸易区内各国对域外国家的关税并不强求统一，如果一项中间品进入自由贸易区，在同等条件下，它将选择进口关税较低的国家作为目标市场，这会改变自由贸易区域内各国生产要素结构，导致生产模式的改变。因此，自由贸易区在一体化程度上不如关税同盟。

2. 其他区域经济合作理论

20 世纪 60—70 年代，发展中国家之间开展区域经济合作的主要理论依据为传统的“中心—外围”理论及国际依附论。普雷维什等认为，世界经济存在“中心” 和“外围”的格局，并将技术创新能力强、获

① 参见张晓钦.区域经济一体化的演化脉络及对 CAFTA 的启示[J].亚太经济，2015，(6)。

得经济利益较多的资本主义发达国家视为中心，与之对比，外围则由若干发展中国家组成，这些国家定位于技术模仿者和原料提供者，成为中心的附庸；[①]“中心—外围”理论的主要结论是中心剥削外围、中心统治外围、外围依附中心。弗里德曼将社会发展与经济发展统一到区域经济学中，根据要素的流动性将发展分为：(1) 前工业化阶段；(2)“中心—外围”阶段；(3) 工业化成熟阶段；(4) 空间经济一体化阶段。因此，与普雷维什强调摆脱对发达国家的依附，实现发展中国家的区域经济一体化不同，弗里德曼认为，只有通过中心的创新聚集和要素流动，才能带动外围，并使得中心和外围最终实现一体化。

“点—轴”开发理论[②]主要从地理空间研究区域经济发展与合作，“点—轴”理论秉承了中心地理论、增长极理论和“中心—外围”理论的基本观点，并进一步发展，强调“点”(城市和集聚地)通过线状的交通基础设施形成的“轴”，形成了一个强大的区域经济辐射网络，实践中以湾区区域经济带为典型代表。

我国学者张合平、冷志明(2009)借鉴行为生态学理论，认为区域经济合作类似于生物种群的行为特征，主要表现在互惠共生、协同竞争、领域共占、结网群居四个方面。

2.1.4　新贸易理论

传统国际贸易理论一般不针对单独企业进行研究，而是主要研究国与国的产业间贸易。在新古典贸易理论中，大多数研究都假定规模报酬不变的条件下，一般均衡模型只是限定了企业所在产业部

---

① 转引自陈秀山，张可云. 区域经济理论[M]. 北京：商务印书馆，2003：207—209。

② 同上书，第 377 页。

门的规模,并没有对企业的规模作出明确限定。新贸易理论主要研究的是规模报酬递增和不完全竞争条件下的产业内贸易,Helpman Helpman & Krugman(1985)差别产品模型对企业的规模作出了限定,但为简化起见,选用的是典型企业,即不考虑企业间差异。

Dixit & Stiglitz(1977)指出,即便两国的初始条件完全相同,也没有李嘉图所说的外生比较优势,但只要存在规模经济,两国就可以选择不同的专门产业,从而产生内生的后天的绝对优势。在这个意义上,斯密的劳动分工论述有可能比李嘉图的比较利益论述更具有一般性。这表明在特定条件下李嘉图的外生比较优势概念并不能完全包含斯密的内生绝对优势概念。Dixit & Stiglitz(1977)的这项研究直接导致后来人们所称的新贸易理论的发端。

Krugman(1980)在规模报酬递增基础上推导出两个重要的市场均衡条件:(1) 如果厂商定价采用边际成本加成定价方式,那么每个厂商最大化自己的利润,要求边际收益等于边际成本(MR=MC);(2) 当经济利润为正时,厂商可自由进入,但长期均衡时经济利润为零,当经济利润为零时厂商可以进入,也可以不进入。克鲁格曼进一步采用不变弹性替代函数(CES),构造了经典的垄断竞争贸易模型。

克鲁格曼垄断竞争贸易理论的一个重要特点在于他的理论与传统贸易理论能够自然地联结起来。假定有两个国家和两个产业,两个国家由于要素禀赋的不同,在两个产业上分别具有比较优势。每个产业中有很多差异化的产品。两国之间可以基于规模经济进行差异化产品的产业内贸易。因此,最终产业的比较优势可以不表现为某个产业的只出口或不进口,而是表现为出口大于进口的净出口,相对传统比较优势要么出口,要么不出口的断言,克鲁格曼垄断竞争贸易理论很好地将 H-O 要素禀赋模型融合起来了。[①]

2.1.5　理论基础与内在逻辑

比较优势理论是本书主要的理论基础，其思想贯穿于各个章节；而其他战略性贸易政策、区域经济合作（以区域经济一体化下的自由贸易区和关税同盟为主）、新贸易理论（以及由此衍生的企业异质性模型）等都可从不同的角度实证分析中国农产品对俄罗斯的出口增长变化特征。因此，在相关实证研究时，不能仅仅从一个角度或者一个特定环节来加以分析，而应当在比较优势理论的基础上，结合其他相关理论，从中国农产品对俄罗斯出口的各个环节，层层递进，环环相扣地展开研究。

第一，识别与分析中国农产品对俄罗斯出口贸易增长的潜力。本书认为，出口潜力分析是中国农产品对俄罗斯出口贸易增长的首要环节。显然，一方面，传统的比较优势理论有助于分析一国农产品出口增长时是否具有比较优势，从而判断是否有贸易潜力存在；另一方面，关注贸易成本和企业生产率的异质性模型则进一步解释了企业层面的比较优势是如何通过贸易成本发生作用的，异质性使得高生产率的企业能够承担较高的固定贸易成本，从而能在出口竞争中战胜其他对手。新贸易理论及其衍生出的企业异质性模型也可以看作比较优势在垄断竞争条件下的作用方式。

---

① 文献也将基于克鲁格曼新贸易理论的 Melitz(2003)等相关学者提出的异质性贸易模型概称为新新贸易理论。但严格来说，新新贸易理论并没有突破克鲁格曼垄断竞争贸易分析框架，因此，本书中，仍主要基于克鲁格曼的新贸易理论，并适当借鉴了 Melitz 等提出的异质性模型思想。

在具体选择研究工具时，通过文献分析，本书在国家层面研究中国农产品对俄罗斯出口潜力实证分析时，采用相对成熟的扩展引力模型，而在分析具体农产品对俄罗斯出口潜力时，选择竞争性、互补性和贸易强度等常用指标。

第二，紧接着潜力分析之后，中国农产品对俄罗斯出口贸易增长的第二个环节是分析有关农产品的出口倾向性。只有了解具体的细分农产品对俄罗斯出口增长变化的特点，才能有针对性地提出促进相应农产品出口增长的政策建议。根据比较优势理论基本原理，一国总是出口其要素相对丰富的产品；而新贸易理论及其衍生的异质性模型能在微观层面一定程度地解释中国农产品对俄罗斯出口增长的“边际倾向”，或者说，贸易流量的扩展边际与集约边际变动的内在原因是企业层面的比较优势变化所导致的，这是对传统比较优势理论基于国别的比较优势分析的重要完善。同时，本书中的“出口倾向性”分析，不但包括出口流量的倾向性分析，也包含比较优势变化所引起的“技术含量”倾向性分析（又称为“出口质量倾向性”）。因此，在这一环节，本书选择出口二元边际指标测度出口流量倾向性，而用技术含量指标测度“出口质量”倾向性，并进一步将出口流量倾向性与“出口质量”倾向性相结合，构造中国农产品对俄罗斯出口贸易增长的出口倾向性矩阵。这个倾向性矩阵不但用于直接分析中国对俄罗斯出口的细分农产品的倾向性分析，而且在随后的战略性增长分析中将作为一个辅助研究手段，使得相关分析得以直观明了，适当简化。

第三，本书还将进一步研究具有较强比较优势的中国农产品对俄出口增长的情况。如果一国比较优势不断增强，其出口增长倾向性将越发明显,以至于在市场上拥有“寻租”能力,那么可以借助战略性贸易政策理论来进一步研究,但首要的问题是,如何识别和培育潜在的符合战略性贸易政策的细分产品。因此,基于中国农产品出口的现实,本书在运用战略性贸易政策理论进行分析时,更多地着眼于如何发掘潜在的比较优势较高的细分农产品,并对这些潜在的比较优势较高的细分农产品基于要素实施补贴。

第四,由于本书将中国农产品对俄罗斯出口增长置于“一带一路”沿线主要国家这个给定的区域中,因此,研究中国农产品对俄出口增长的第四个环节是:研究中国农产品在区域性贸易协定网络中的比较优势变化。在各国纷纷缔结自由贸易协定、关税同盟协定等地区性经济合作浪潮中,一国比较优势也可能会由于区域性经济合作而相应发生变化。因此,基于区域经济合作理论,将中国农产品对俄罗斯出口纳入区域性贸易协定网络中,有助于进一步深刻理解中国农产品对俄罗斯出口增长变化规律,一定程度上避免仅研究中国与俄罗斯两国农产品贸易所带来的局限性。

综合以上相关分析,本书对相关理论及研究工具的选择的内在逻辑是,以比较优势理论作为研究的理论基础,根据中国农产品对俄罗斯出口增长四个不同的增长环节的具体研究内容,选择结合运用新贸易理论、战略性贸易政策理论、区域经济合作理论及相关研究工具,环环相扣、层层递进式地展开实证研究。在实证研究基础上,最终得到相应的研究结论与政策建议。

2.2 文献综述

农产品出口增长不仅是一个“量”的概念，也应包含“质”的因素。[①] 一方面，很多文献对特定的两国农产品双边贸易流量进行研究。另一方面，也有很多文献从出口（进口）农产品技术含量的角度分析出口增长，这些文献着重于进出口农产品“质”的变化规律。但从“质”与“量”两方面结合分析农产品出口增长的相关文献比较缺乏，因而难以对中国农产品针对特定国家的出口增长有比较深入的认识。

2.2.1 关于中俄农产品贸易的研究

俄罗斯和中国同属于新兴市场中的金砖国家，也是山水相邻的两个大国。中俄两国地理位置相近，双边贸易具有较强的地缘优势。2012 年，俄罗斯正式加入世贸组织时做出对某些农产品进口关税的减让承诺，从而使得中国出口到俄罗斯的农产品有了快速增长的机遇。2014 年 8 月 7 日，在克里米亚问题上为了反制欧美对俄的经济制裁，俄罗斯宣布禁止从美国、欧洲、澳大利亚、加拿大以及挪威进口水果、蔬菜、肉类、鱼、牛奶和乳制品等农产品。这进一步刺激俄罗斯对中国农产品需求的增大。

针对中俄农产品贸易互补性、竞争性及贸易潜力等方面的研究

① 本书中如无特别说明，“质”的内涵特指产品技术含量，而非一般产品制造质量。

不少。杨希燕、王迪(2005)运用贸易互补性指数、经常份额市场模型研究了中俄贸易互补性,他们认为中俄贸易的互补性极强,双方之间的贸易潜力很大。汤碧(2012)运用显性比较优势、贸易结合度及产品相似度指数等分析中国与金砖国家农产品贸易的比较优势与合作潜力,认为中国与俄罗斯等金砖国家农产品贸易的竞争性不突出,总体趋于缓和。邝艳湘(2011)运用产业内贸易指数与显示性比较优势指数,从不同视角对中俄贸易的互补性和竞争性进行实证分析,认为中国在农产品方面相对俄罗斯具有较大比较优势,而俄罗斯在木材方面具有较大比较优势。刘志中(2017)运用显性比较优势、贸易互补性指数及扩展引力模型对中俄贸易的研究表明,双方具有较大贸易潜力,中俄贸易互补性整体呈上升趋势。从对这些文献的梳理可知,已有文献分别从贸易互补性、竞争性及贸易潜力的某一方面或二方面进行分析,也有个别文献(刘志中,2017)在贸易互补性、竞争性及贸易潜力三方面对中俄贸易总体情况进行了分析。但现有文献较少在"一带一路"背景下,全面系统地从这三个方面分析中俄农产品的贸易增长,较少对比分析中俄两国均具有显性比较优势的农产品可能的产业内贸易,特别是较少分析中国不同类别农产品对俄罗斯出口贸易集聚与份额的增长变化。

2.2.2 关于出口贸易流量的研究

二元边际的分析方法已经被世界各国学者广泛用于分析出口流量的变化。一般认为,集约边际用于分析已有贸易关系的维持,包括贸易增长、贸易减少和贸易终止;而扩展边际用于分析新的贸易关系的建立,包括老产品进入新市场、新产品进入老市场以及新产品开拓新市场三种情况。

长期以来，贸易理论讨论出口增长时，往往聚焦于现有产品的出口扩张。[①] Armington (1969)研究了国家间出口差异，沿袭比较优势的思想，提出集约边际的概念，在理论界较早提出贸易增长的边际思想。随着20世纪70年代以来产业内贸易的迅速增长，一国可供出口产品种类也迅速增加，从而由于产品种类的增加所引起的出口贸易增加引起了理论界的浓厚兴趣。

Krugman(1980)进一步完善了Armington(1969)的出口边际思想，通过对垄断竞争条件下的产品出口分析发现，一国经济规模与其出口产品的种类正相关，国家间出口量的差异性主要来源于扩展边际。这在一定程度上验证了产业内贸易背景下的产品种类增加对出口贸易的增加有正向作用，从而为研究出口贸易增长提供了一个新的研究思路。

总的来说，克鲁格曼的模型包含两个有关贸易对厂商生产率影响的推断：一是竞争中继续存在的厂商为了降低成本会扩大支出，即形成规模效应；二是某些厂商会被迫退出，即形成选择效应。选择效应是指贸易自由化条件下会促使一个产业生产率发生改变，因为低效率厂商的退出会使得留下的厂商平均生产率得到提高。克鲁格曼的这一论断为后来的异质性企业模型奠定了基础。

但是，是不是出口品种越多的国家，其出口额就一定同步增长得越多呢？Falm & Helpman(1987)、Grossman & Helpman(1991)等研究发现，在发达国家贸易结构升级过程中，垂直分工会使得发达国家

① 这可能与比较优势的局限性有关。一旦比较优势相对固定，对于农产品出口而言，重点自然落在如何扩大已有出口品种的规模上了。

出口质量高的产品，而发展中国家出口质量低的产品，进而提出了出口的质量边际概念。由于存在质量边际对发达国家出口的影响，扩展边际的增长速度不一定同出口贸易增长速度保持同步。

尽管不同的经济学者从产业间、产业内及垂直贸易的角度考察分析了集约边际、扩展边际和质量边际，但直到2000年之后，Melitz(2003)针对出口企业异质性的开创性研究才使得出口边际思想有了真正用武之地。Melitz认为，贸易流量不但和两国间"距离"①有关，也和企业的异质性程度有关。

将二元边际思想用于出口增长研究的集大成者是Hummels & Klenow(2005)。他们在Melitz(2003)等人开创的企业异质性贸易模型理论和经验的基础上，利用海量的微观经济数据，通过研究126个出口国家及59个进口国家的进出口贸易流量，发现发达国家出口数量大而且价格也比较高的事实，且高达60%多的出口来自于发达国家的扩展边际增长。这一事实体现了结合运用集约边际与扩展边际分析出口贸易流量的有效性，由此，他们首次正式提出了出口二元边际的概念。

Hummels(2005)等认为出口边际可以从产品、地域及企业三个角度定义出口边际，并将出口分解为两部分：已有产品出口种类的增加和新产品的增加，同时强调这两种方式的重要性。他们将前者称为集约边际，后者称为扩展边际。他们提出的概念和计算方法已经成为分析出口二元边际的主流方法之一。

Tibor、Thomas & Prusa(2006)从时间序列角度提出了出口边际

① 这里的距离是广义的，不仅仅是指地理距离，还包括制度、社会、文化、语言及是否为同一贸易协定成员国等方面，本质上，距离代表广义上的贸易成本。

的第二种计算方法，将首次出口的产品种类作为扩展边际。该方法能分析产品进入和退出出口国市场的时间，从而提供了扩展边际的另一种解释，即特定的时间点新产品的进入意味着该产品的出口扩展到了新的国际市场，将边际与时间变量联系在一起，可以测量出产品服务国际市场的年限。

Pentecôte *et al*.（2015）运用动态随机一般均衡模型（DSGE）分析了产生新贸易流量的扩展边际、反映存量贸易流量集约边际以及它们与欧洲货币联盟（EMU）框架下的商业周期趋同之间的关系。动态随机一般均衡模型作为联结微观经济理论与宏观经济理论的主流计量模型，可有效地避免 Lucas 批判①，为实证分析提供坚实的经济理论基础。

出口二元边际自提出以来，引发了持续的研究和实证热潮。出口二元边际最主要的贡献在于其考虑到了出口产品种类与产品数量两者不同的福利效应，相对于仅考虑贸易总量带来的福利效应，出口边际思想有着更为坚实的微观基础。但同时，出口边际的研究仍然不断演化，甚至对扩展边际和集约边际的定义也没有完全统一。无论是从企业异质性的角度分析出口二元边际的成因，还是从时间序列新旧产品角度分析出口二元边际的成因，都还有许多工作要做。

随着对出口二元边际研究的不断深入，相关的研究也处于不断演化过程之中。理论界着重于从贸易自由化的角度来分析研究出口二元边际，他们研究的重点是如何降低出口贸易成本。如 kancs

① Lucas 批判是 Lucas（1976a）提出的。经济模型的参数在时间上可能是不一致的，不同的经济状态下会有不同的经济决策规则，从而一般的传统计量经济学模型根据不同时间数据得到的回归结果并不一定是可靠的。转引自〔英〕威肯斯：《宏观经济理论—动态一般均衡方法》（第二版），冯文成、段鹏飞等译，东北财经大学出版社 2016 年版。

(2007)提出的基于一般均衡分析的理论框架,该理论框架的实质是对引力模型的一种改造。模型将影响出口二元边际因素分为:(1) 目的地国市场规模;(2) 可变贸易成本;(3) 多边阻力;(4) 企业生产率;(5) 固定贸易成本。Kancs 的研究框架试图回答如下问题:首先,对同一个国家而言,哪些因素会使得出口沿着集约边际的方向增长,哪些又会导致扩展边际方向的增长;其次,对不同国家而言,不同因素的作用并非相同,应当对不同国家采取不同的出口政策。从 Kancs 的分析框架进一步引申,可以初步认为,出口增长在不同时期、不同条件下可能存在一定的倾向性。

由于对出口二元边际的界定不尽相同,导致相关的研究结论存在差异甚至冲突,这意味着对出口二元边际的研究需要继续深入。特别是在引入随机变量的背景下,较长时期的出口二元边际波动研究,对各国制定贸易政策、抵御随机冲击引发的贸易波动等具有重要意义。

2.2.3　关于出口贸易“质量”的研究

如前所述,本书研究所指出口贸易“质量”并非指产品的生产质量或服务质量,而是基于比较优势理论,特指出口产品内在的“技术含量”。有关比较优势与“技术含量”的内在联系,本书其他章节有详细论述。

除了产品种类和产品价格之外,产品质量也是影响出口的重要因素。在对贸易流量的研究方兴未艾之际,理论界对出口贸易品的技术含量及测度也越来越关注。

从产品技术含量的角度看,各经济体之间的技术差异在解释其贸易结构差异时具有非常重要的作用，贸易品的生产不但要采用不同的生产要素组合，而且要采用不同的技术。（樊纲等，2006）近年来，技术进步通过影响贸易的技术水平和技术结构正逐渐成为决定各经济体国际竞争力的最重要因素。技术进步及技术水平的作用本身即各经济体要素禀赋的重要组成部分，产业结构的升级通过影响要素组合和要素配置效率完成，实质上是要素禀赋结构的升级。（徐朝阳等，2010）

本书认为要素禀赋结构同相应的技术进步和技术结构不可分割。如果一个经济体存在某种特定的要素禀赋，那么一定有一个相应的技术结构，以便使这种要素禀赋通过一定的生产函数形成产品；反之，如果只是拥有某种要素禀赋，却不具备运用这种要素禀赋的技术，那么这种要素禀赋对拥有者而言则没有任何意义。因此，一个可用的要素禀赋及其可选择性，决定了一个经济体应该适配何种生产函数，从而决定了具有何种比较优势。

因而，对要素禀赋结构的研究往往转化为对技术结构的研究。在国际贸易领域，国内外文献对贸易品技术附加值进行了深入的研究，并提出了各种测算方法及相应的扩展。一个主要的思想是假定“技术附加值越高的产品，越可能来自于高收入国家。”基于该假设，将产品的技术附加值用出口国人均 GDP 的加权平均数（以出口国该产品世界市场份额作为权重）来表示，那么技术附加值高的产品代表高技术产品，反之为低技术产品。（樊纲等，2006）文献中，技术附加值也称为技术复杂度或技术含量。目前，技术附加值测算方法主要包括：技术附加值指数（TV）（关志雄，2002）、PRODY 指数和 EXPY 指数（Hausmann *et al.*，2005）、标准化复杂度指数（SI）（Lall *et al.*，

2006)、显示技术附加值指数(RTV)(樊纲等,2006)、技术含量指数(TC)(杜修立等,2007)等。

总体而言,尽管这些测算方法在具体形式上存在差异,但文献对技术附加值的内涵业已达成基本共识,即基于要素禀赋的比较优势原理,高收入经济体通常假定具有更有效率的生产函数,因而其产品包含更高的技术附加值。

Hausmann(2005)通过构建 PRODY 指数和 EXPY 指数,分析研究了 1992—2003 年 113 个国家的出口技术结构,实证结果表明,若某经济体初期 EXPY 指数值高,则该经济体通常会从事高生产率产品的生产与出口,并且其经济增长速度往往也较快。而 Rodrik(2006)研究发现的被称为"Rodrik 悖论"的一项研究成果指出,1992—2003 年中国出口技术结构明显超越了自身经济发展水平,接近比中国人均收入高 3 倍的国家。Rodrik 的研究也被 Felipe *et al.*(2013)对 1962—2006 年中国等主要经济体出口技术结构的分析所进一步证实。Felipe *et al.*(2013)认为,中国出口技术复杂度及其多样性整体上获得了持续提升,在亚洲仅低于日本、新加坡、韩国和马来西亚。

国内也有较多文献对"Rodrik 悖论"进行了检验。比如,樊纲等(2006)利用 RTV 指数对 1995 年和 2003 年中国进出口技术结构的分析发现,中国进口相对较高技术产品、出口相对较低技术产品的贸易格局并没有发生根本性变化;杨汝岱等(2008)利用 LCI[①] 指数对 1965—2005 年 112 个国家(地区)出口结构的研究发现,有限赶超对

① LCI 指数,即有限赶超指数,指一国出口商品技术含量高于基于比较优势的国际劳工所决定的水平。

经济体经济增长速度有显著正向影响且短期效果大于长期效果。

可见,技术附加值,或者称技术复杂度,是通过引入技术结构这一关键概念,来有效测度出口贸易的各要素组合,以及不同产品所内含的技术含量。不过,这种测度并不是强调其绝对值,而是各产品技术含量的相对排名。

何敏等(2012)对2000—2011年中日韩农产品出口技术结构进行了研究,结果表明,中国农产品出口以中等技术产品为主并逐步向中高技术产品转变,但农产品出口总体技术水平与日本和韩国相比仍存在一定差距;而尹宗成等(2013)对2000—2010年中国农产品出口国际竞争力的分析表明:中国农产品出口技术复杂度总体上较低,缺乏竞争优势,且不同种类农产品出口竞争力也不尽相同,相对而言,劳动密集型农产品出口技术复杂度较高,国际竞争力很强,传统农产品出口技术附加值则较低,处于竞争劣势。

2.2.4 关于区域经济合作框架下农产品贸易增长潜力的研究

区域经济合作背景下两国农产品贸易增长潜力大致有两种研究方向。第一种是从传统的国际贸易理论出发,实证分析两国农产品互补性、竞争性及贸易潜力;第二种是基于网络理论,研究区域经济协定网络及其对两国农产品贸易的影响。

区域贸易协定在全球化、自由贸易大背景下,发挥着不可替代的作用。在区域经济合作前提下,自由贸易区及关税同盟内各国彼此免税,对域外国家则实施差异化关税。各国达成自由贸易协定或关税同盟协定的最主要动机是协定所带来的“贸易创造”及“贸易转移效应”。当然,各国在谈判中的要价决定了谈判博弈的激烈程度,大国在其中处于天然优势地位。

“一带一路”倡议属于广义的区域经济合作概念范畴。中俄尚未签订自由贸易协定,但双方都是世贸组织成员,研究两国农产品贸易应当置于“一带一路”倡议这个大的区域经济合作背景之下。王亮、吴浜源(2016)认为,根据“自然贸易伙伴”假说,[①]自由贸易协定签订前双边贸易密集度越高,推动贸易越能促使两国出口产品显示出各自的比较优势,而不会因双方相互给予的优惠措施带来较多的贸易转移效应,故不会给双方的福利水平带来负面影响。因此,如果中国与俄罗斯符合“自然贸易伙伴假说”,那么,中俄一旦签订自由贸易协定,并不会由于“贸易转移效应”而导致双边农产品贸易水平的降低。分析两国双边贸易的互补性、竞争性与增长潜力,是否是“自然贸易伙伴”,将有助于考察两国构建自由贸易区、增强区域经济合作的现实可行性。

随着复杂网络理论的发展,运用图论等数学工具分析区域贸易协定网络化特征及其对国际贸易影响的文献也在逐步增加。许和连、孙天阳(2015)认为,世界高端制造业贸易网络出现了社团化,且社团化的高端制造业贸易网络从 2009 年开始,已由原来的欧非、亚太两个社团分裂为欧非、亚太、TPP 三个社团。[②] TPP 社团的迅速崛起和美国的强势加入吸引了东亚的经济体积极加入,但 TPP 社团却将中国拒之门外,中国面临在亚太高端制造业生产网络中被边缘化的巨大挑战。龙婷等(2016)以复杂网络理论为基础,构建了以国家

① See Schiff M. Will. The Real “Natural Trading Partner” Please Stand up?. *Journal of Economic Integration*, 2001, 16(2): 246-261.

② 2016 年,特朗普当选美国第 45 任总统后,已退出跨太平洋伙伴协议(TPP)。

为节点、贸易关系为连边的国际木质林产品贸易网络，实证分析结果表明，在国际木质林产品贸易呈现出多边化发展趋势的同时，贸易网络结构变得更加有序，贸易国间的双向交流更加频繁。

有关贸易网络的文献在国内尚不多，但有不断增长的趋势。由于自由贸易协定可以在不同国家以双边、多边或者跨地域的方式缔结，区域贸易协定的网络化趋势越来越明显，因此，研究两国双边贸易也越来越离不开其背后的区域贸易网络的影响。

2.2.5 关于战略性贸易政策与出口增长的研究

战略性贸易政策建立在寡头或垄断的市场结构基础上，由战略性贸易政策导致的出口增长具有极强的抗风险能力，值得我们分析研究。

尽管传统比较优势理论是国际贸易理论的基石，能较好地解释不同产业之间的比较优势形成的原因，但传统比较优势理论并不能很好地解释所有贸易问题，特别是规模经济引致的产业内贸易，以及战略性贸易政策的制定与选择等。当然，在这些领域仍然离不开传统比较优势理论，本书认为应当将传统比较优势理论同战略性贸易政策理论相结合，才能更好地解释战略性贸易政策制定所面临的各种问题。

文献表明，战略性贸易政策的首要问题是如何识别战略性产业部门，其次是政府的"完全承诺能力"。正如克鲁格曼(2016)所指出，正确识别战略性产业部门是成功实施战略性贸易政策的前提。

有观点认为政府并不能正确识别何为战略性产业部门，如果政府能正确识别战略性产业部门，那么政府必须拥有完全而充分的信息，以帮助其判断哪些部门是真正的战略性产业部门。但 Creane & Miyagiwa(2008)对此质疑道：如果一国政府有能力拥有关于产业的全部信息，那么政府是怎样或者从哪里获取到这些信息？如果信息的来源就是企业本身，那么企业具有与政府分享自身信息的激励吗？

即便政府能正确识别战略性产业部门，在确保有关战略性贸易政策能否成功实施时，也必须拥有一个信念，即政府对其行为的完全承诺能力。Barbara Spencer & James Brander(1985)假定博弈过程中，政府具有完全的行动承诺能力，无论是企业行动之前，还是企业对产量或价格采取某种行动之后，政府都假定可以完全履行其政策承诺。但实际上，企业根据其自身状态所选择的行动并不总是在政府预先作出承诺之前，同时政府自身也很难判断其承诺能力是否符合预期。因此，Neary & Leahy(2000)、Zigic(2011)等放松了政府完全承诺能力假定，他们认为，放松完全承诺假定后，可以降低企业依赖政府承诺而产生的“浪费”行为，并有可能带来更多的社会福利。

国内文献研究几乎回避了如何识别战略性产业部门这一问题，直接用战略性贸易政策理论研究个别确定性的具有垄断性的产业部门，并与 Barbara Spencer & James Brander(1985)所构建的分析框架总体上保持一致。这一方面是由于中国拥有的具有战略性产业发展潜力的细分产业长期以来确实不多，另一方面在于如何识别战略性细分产业本身也是一个重大的、理论上尚没有完全解决的课题。

邢孝兵(2008)认为，通过高关税壁垒来保护中国汽车产业并不十分成功，原因在于中国汽车产业分散、重复建设十分普遍，同时目录管理等行政壁垒又降低了汽车行业内部的竞争程度，总体上体现为“弱竞争性”的市场结构特点。邢孝兵(2008)的研究表明，在汽车产业领域，中国战略性贸易政策实施效果不理想的原因在于过度的地方市场割据、行政壁垒以及对国内市场的高度保护，从而导致细分市场的寡头垄断厂商垄断程度过高。自我国加入WTO之后，根据世贸组织规则，直接的出口补贴受到《补贴与反补贴措施协议》的严格限制，因此，一般采取对R&D研发行为进行补贴（刘璞，2001）；或者更广泛意义上的对生产要素进行补贴（杨鸿，2003），他认为，我国有关补贴政策应从补贴产品为主转为补贴要素为主，提高基础设施的质量和效率，改善企业要素投入，特别是人力要素投入等方面。

基于历史原因，发达国家更容易产生具有垄断性的产业和企业，因此，按照战略性贸易政策的基本含义，战略性贸易政策更多地被发达国家作为政府干预贸易自由的“理论依据”。

事实上，战略性贸易政策的“滥用”很大程度上是发达国家贸易保护主义重新抬头的象征，是发达国家为自己的贸易保护所寻找到的理论依据和借口，它与普遍适用于发展中国家的幼稚产业保护政策类似，两者在本质上并没有大的差别。（王珏，2005）如果我们深入分析垄断竞争与寡头形成的原因，可以发现无论是规模经济形成的成本优势，还是寡头导致的基于博弈的战略性贸易政策，其本质仍然是比较优势的一种表现形式，只不过没有传统贸易理论中要素禀赋比较优势模型那么直接而已。

杨鸿（2003）针对世贸组织《补贴与反补贴措施协议》的有关规定提出了要素补贴替代产品补贴的观点。他认为从长远看，中国补贴政策调整方向应该直接指向生产要素，补贴生产要素目的在于从根本上改善要素质量或增加企业发展所需的人造要素，一定程度上达到改善中国的比较优势结构的目的。

加入世贸组织十余年后，对有关贸易比较优势和要素禀赋结构改善的关系有了更进一步的认识。杨高举、黄先海(2014)认为中国的比较优势正在从低等技术产业转向高等技术产业，如果这种趋势继续，那么就能绕过比较优势陷阱，避免“贫困化增长”。徐元康(2016)认为比较优势具有随着劳动生产率的提高和要素禀赋结构的改善而动态升级的内在属性。比较优势与战略性贸易政策之间存在一种非对称性互补关系。比较优势是战略性贸易政策的要素禀赋基础；同时，比较优势并非固定不变，而是不断地持续动态升级，因此必将遇到阻碍，从而需要政府的支持和干预。在战略性贸易政策的帮助下，通过促进比较优势的动态升级，可推动本国经济的发展和社会福利水平的提高。

2.2.6 对相关文献的述评

总结归纳起来，此类文献大体上可以分为：(1) 采用引力模型研究出口增长的扩展边际与集约边际的文献，这些文献偏重对贸易流量的研究；(2) 采用技术复杂度(PRODY)和整体技术附加值(EXPY)来测度和分析出口增长过程中技术含量变化的文献，这些文献偏重于对贸易“质量”的研究。由于将贸易流量与贸易“质量”研究相结合的文献较少，不利于把握一国农产品对特定国家出口增长全貌的分析和研究。

现有文献一般着眼于一国农产品出口增长的原因及影响因素，也就是试图解释出口增长是如何发生的，如 Melitz(2003)的企业异质性模型、Kancs(2007)的分析框架、Chaney(2008)的异质性模型等，这些模型主要核心逻辑是企业异质性对出口固定成本影响的程度，只有那些有能力支付国际贸易固定成本的企业才能进入国际市场。

自 Melitz(2003)提出企业异质性模型后，大量文献都从微观层面即企业生产率变化及如何估计可变或固定贸易成本来分析出口二元边际。(范爱军、刘馨瑶，2012)企业生产率一定程度上反映了企业间的比较优势，只有相对较高生产率的企业才能支付国际贸易固定成本，进入国际市场。但这些文献并没有指出，进入国际市场后，在低技术含量的产品与高技术含量的产品之中，究竟哪一类产品才是企业出口持续增长的有力保障。

在进行产品比较优势分析时，大量文献采用 Balassa(1965)的显示性比较优势指标(RCA)，并由此派生出技术复杂度(PRODY)与整体技术附加值(EXPY)等分析工具，这些分析工具从不同层面上分析和比较了具体产品的比较优势以及一国整体一篮子出口技术附加值高低(也可以理解为一国出口产品的整体技术含量)。但 Balassa(1965)所提出的比较优势分析方法只是针对具体某一个时点，鲜有文献涉及如何对一段时间内的出口产品的比较优势进行比较，一种思路是采用平均值，但简单运用均值来比较一段时期的产品显性比较优势略显武断。

事实上，有很多场景需要考虑一段时间内的显性比较优势。如果我们考虑，在众多的出口产品中选择若干重点产品，对其所在的细分产业进行扶持，那么，如何通过某种可靠的方法，迅速找到目标细分产业(产品)，对于显性比较优势波动比较剧烈的产品，可能易于受到外部要素变化的较大影响而不具备稳定的比较优势，不能合理预期可能的扶持与补助政策，这就需要我们考虑产品在一段时间内的总体显性比较优势。

已有文献对两国贸易互补性、竞争性与贸易发展潜力的分析，往往集中于其中的一个或两个方面，基于区域经济合作背景从互补性、竞争性与贸易发展潜力三方面综合分析的文献不多，未能将出口贸易集聚与份额的增长变化纳入贸易发展潜力相关分析。而两国双边贸易是否具备自由贸易的可能与这三方面因素都有密切关系。

通过对有关文献的梳理，本书认为现有文献分别在出口贸易流量、出口贸易“质量”领域已经相对成熟，但少有文献研究贸易流量与贸易“质量”之间的内在联系。出口二元边际与产品技术含量作为文献常见的测度出口贸易流量与贸易“质量”的工具，是否可以在一个更高层次上得到统一？本书对此作了有益尝试，简单地说，本书将出口贸易流量增长变化与出口贸易“质量”增长变化合并称为出口增长的倾向性。[①] 如果一国出口增长，那么增长是沿着扩展边际、高技术含量的方向，还是集约边际、低技术含量的方向，抑或其他增长方向？根据增长倾向性的组合配对的变化，进一步将不同的组合配对组成出口增长倾向性状态矩阵。

有关战略性贸易政策的大量文献基于既有战略性产业，即所谓具有市场垄断实力和“寻租”能力的成熟产业，然而，如何挖掘、寻找潜在的适合战略性贸易政策的有关细分产业，并有针对性地培育扶持，类似文献很少，或者并没有纳入主流的有关战略性贸易政策研究中，往往仅作为对策建议提出。但正如克鲁格曼(2016)所指出的，不能正确识别战略性产业部门就谈不上成功实施战略性贸易政策。

区域贸易协定正在从孤立的、基于地缘因素构建向多重复合性、

① 有关出口增长倾向性的分析详见第5章。

网络化方向发展。如前所述,一些文献从传统贸易理论出发分析区域经济合作背景下两国双边贸易的发展变化,另一些文献基于复杂网络理论分析区域贸易协定网络特征及其对双边贸易的影响,但将两者结合起来,分析两国双边贸易,并据此缔结可能的自由贸易协定的相关文献不多见。从区域经济合作的演变趋势来看,全球性的区域贸易协定网络化不可逆转,因此,有必要将传统区域经济合作实证分析同复杂网络分析相结合,以期得到更为符合实际的实证研究结果。

本章小结

本章综合梳理了比较优势、战略性贸易政策理论、区域经济一体化理论以及新贸易理论,以及基于这些理论分析农产品贸易,特别是中俄农产品贸易的相关文献。已有研究大多关注一种贸易的测度,或者是贸易流量,或者是贸易技术含量(贸易“质量”),通过梳理和分析,发现在有关出口贸易增长的研究上,大部分文献集中于出口增长环节的一个或几个部分,而没有全景式的从出口增长潜力、增长倾向性、战略性增长以及区域贸易协定网络环境下的贸易增长等一系列环节进行系统分析。

第3章　中俄农产品贸易现状及存在的主要问题

近年来，中国与俄罗斯的政治、经贸关系日益紧密，特别在“上海合作组织”框架、金砖国家，以及“一带一路”倡议的稳步推进中，两国经贸关系有了长足进步。但就中俄农产品贸易看，中国对俄出口的农产品，无论是品种还是出口额虽有一定扩大和增长，但与中国其他传统农产品贸易伙伴相比尚有不小差距。因此，相对中俄两国日益密切的战略伙伴关系，双边农产品贸易存在较大的拓展空间。

3.1　中俄农产品贸易现状

3.1.1　中国农产品对俄出口保持较快增长

2001年中国入世后，随着中俄两国战略合作伙伴关系的日益加深，中国农产品对俄罗斯出口保持了较快增长。从2002年的4.26亿美元到2016年的12.73亿美元，累计增长198%。

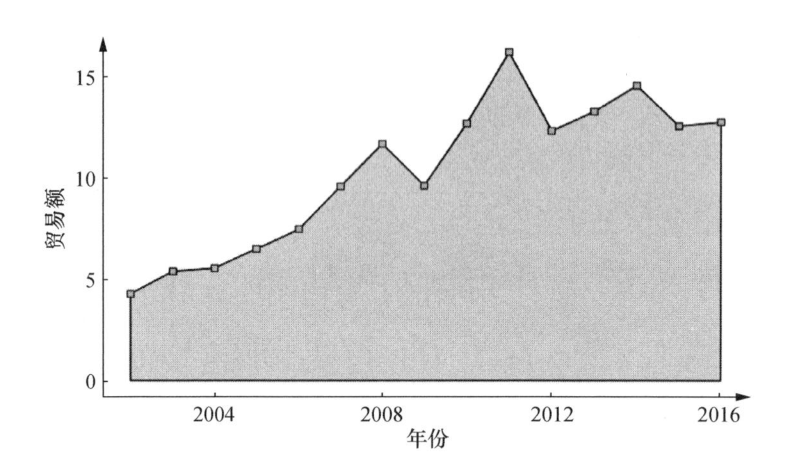

图 3.1 2002—2016 年中国农产品对俄罗斯出口贸易额(单位:亿美元)
数据来源:根据 UN Comtrade 资料计算。

从图 3.1 可以看出,中国农产品对俄罗斯出口增长虽然有所波动,但总体呈增长趋势。基于两国独特的地缘优势,以及“一带一路”倡议所带来的战略机遇,伴随着中国企业走出去的步伐,中国农产品对“一带一路”沿线国家的出口有望实现持续、长期增长。显然,在这一持续增长过程中,俄罗斯无疑是这一持续增长过程的关键参与者,是中国促进“一带”国家与“一路”国家深度互联互通的关键节点。

3.1.2 中国位列对俄农产品出口国家前十

2002—2016 年累计对俄罗斯出口农产品贸易额排名前十的国家按贸易额大小排列,如图 3.2 所示。其中,巴西 382.36 亿美元,白俄罗斯 347.04 亿美元,德国 237.82 亿美元,位居前三。土耳其 106.14 亿美元,波兰 108.51 亿美元,立陶宛 111.16 美元,位居末三位。中国 173.52 亿美元,居第五位。

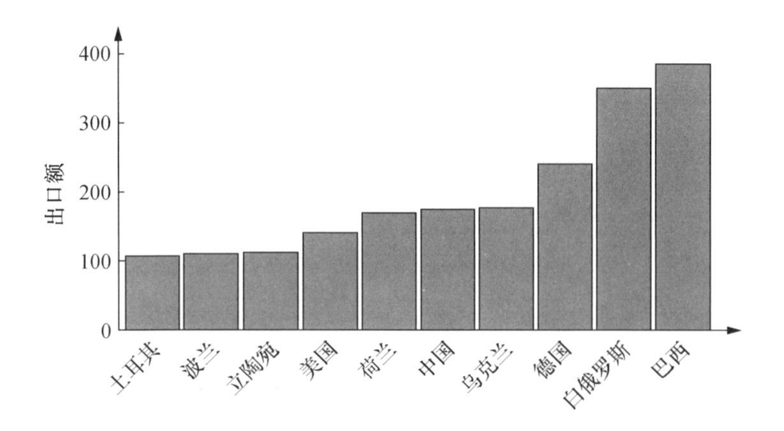

图 3.2　世界农产品对俄出口前十的国家(2002—2016 年累计额)(单位:亿美元)

数据来源:根据 UN Comtrade 资料计算。

由图 3.2 可知,巴西、白俄罗斯和德国是俄罗斯主要的农产品供应国,2002—2016 年对俄罗斯出口累计均超过 200 亿美元,属于“第一梯队”,其余 7 国都在 200 亿美元以下。从地缘看,白俄罗斯是俄罗斯邻国,德国是欧盟最主要的国家,而巴西则位处遥远的南美大陆,可见,对俄罗斯出口农产品累计贸易额排名前三的国家并没有完全遵照地缘距离远近,而与比较优势相关。

进一步对 2014—2016 年各国农产品对俄罗斯出口贸易额逐年进行对比分析,发现巴西、白俄罗斯仍位居前三位不变;而其他国家的排名则有所变化,特别是中国,在 2002—2016 年累计对俄罗斯出口排名中仅为第五位,而 2014—2016 年,稳居前三,2016 年更是升至第二位,显示“一带一路”倡议提出以来,中国农产品在俄罗斯市场竞争力有所提高,即中国农产品在俄罗斯市场的比较优势有所增强。具体见表 3.1。

表 3.1　2014—2016 年对俄罗斯出口农产品前十国家排名

（单位：亿美元）

排名	2014 年		2015 年		2016 年	
	国家	出口额	国家	出口额	国家	出口额
1	白俄罗斯	43.11	白俄罗斯	33.69	白俄罗斯	33.11
2	巴西	27.82	巴西	16.61	中国	14.56
3	中国	17.13	中国	14.20	巴西	13.38
4	德国	14.30	土耳其	9.79	德国	9.08
5	立陶宛	12.55	德国	9.14	印尼	6.00
6	土耳其	11.56	印尼	6.13	意大利	4.71
7	荷兰	11.40	荷兰	6.10	立陶宛	4.07
8	波兰	10.78	立陶宛	4.40	印度	4.04
9	乌克兰	8.19	意大利	4.32	土耳其	3.56
10	意大利	8.18	印度	3.84	波兰	3.50

数据来源：根据 UN Comtrade 资料计算。

从表 3.1 可见，对俄罗斯出口农产品的传统国家德国、乌克兰等国排名跌出前三，或者名次大幅下滑。由于乌克兰危机，乌克兰农产品对俄罗斯出口由 2014 年的第 9 位到 2015—2016 年跌出前十，失去作为主要俄罗斯农产品供应国地位。2015 年乌克兰、波兰退出前十，取而代之的是印度与印尼两个亚洲国家，荷兰则在 2016 年也退出前十，波兰重新挤入前十排名。

总体上，2002—2016 年，世界主要对俄出口农产品的国家没有发生根本性变化，一些亚洲国家如印尼、印度跻身俄罗斯农产品主要供应国。这种变化对俄罗斯而言，扩大了农产品进口来源的选择区域。尽管存在经济、政治因素的不利影响，世界农产品对俄罗斯出口呈现波动增长而后快速下降趋势，但相对而言，西方对俄罗斯的贸易制裁刚好给了中国、印度及印尼等亚洲国家进入俄罗斯农产品市场的机遇。

3.1.3　中国输俄农产品出口额排名前十的种类

2002 年加入世界贸易组织后的 15 年间，中国农产品对俄罗斯的出口类别发生了较大变化，引起这种变化的主要动因是中国长期高速的经济发展。2002 年，根据 HS 体系对农产品进行的分类，中国农产品出口俄罗斯前十位的类别依次为：02 章、10 章、20 章、08 章、16 章、07 章、12 章、52 章、24 章以及 09 章。详见表 3.2。文献一般将 01—24 章划为农产品，也有文献比之范围要稍微大些。为了保持本书研究数据及分类的一致性，同时参考孙致陆、李先德（2013），赵捷（2017）等人的做法，本书农产品包括 HS 分类中的 01—24 章和 51、52 两章。①

① HS 分类，是指根据《商品名称及编码协调制度的国际公约》进行的商品分类规则，简称编码协调分类制度。01 章（活的动物）；02 章（肉及食用杂碎）；03 章（鱼，甲壳动物、软体动物及其他水生无脊椎动物）；04 章（乳品，蛋品，天然蜂蜜，其他食用动物产品）；05 章（其他动物产品）；06 章（存活的树木及其他活植物、鳞茎、根及类似品，插花及装饰用簇叶）；07 章（食用蔬菜、根及块茎）；08 章（食用水果及坚果，柑橘属水果或甜瓜的果皮）；09 章（咖啡、茶、马黛茶及调味香料）；10 章（谷物）；11 章（制粉工业产品，麦芽，淀粉，菊粉，面筋）；12 章（含油籽仁及果实、杂项籽仁及果实，工业用或药用植物，稻草，秸秆及饲料）；13 章（虫胶，树胶，树脂及动植物液、汁）；14 章（编结用植物材料，其他植物产品）；15 章（动、植物油脂及其分解产品，精制的食用油脂，动、植物蜡）；16 章（肉、鱼、甲壳动物、软体动物及其他水生无脊椎动物的制品）；17 章（糖及糖食）；18 章（可可及可可制品）；19 章（谷物、粮食粉、淀粉或乳的制品，糕饼点心）；20 章（蔬菜、水果、坚果或植物其他部分的制品）；21 章（杂项食品）；22 章（饮料、酒及醋）；23 章（食品工业的残渣及废料，配制的动物饲料）；24 章（烟草、烟草及烟草代用品的制品）；51 章（羊毛、动物细毛或粗毛，马毛纱线及其机制物）；52 章（棉花）。

表 3.2　中国农产品对俄罗斯出口排名前十的品种（单位：亿美元）

排名	2002 年		2016 年	
	HS 类别	出口额	HS 类别	出口额
1	02	1.29	08	3.48
2	10	0.52	07	3.34
3	20	0.44	20	2.34
4	08	0.42	52	1.22
5	16	0.37	21	0.71
6	07	0.34	16	0.62
7	12	0.32	23	0.47
8	52	0.22	13	0.47
9	24	0.22	09	0.45
10	09	0.12	03	0.33

数据来源：根据 UN Comtrade 资料计算。

对比 2002 年中国农产品对俄罗斯出口前十大品种，2016 的前十排名有了较大变化，一些类别退出前十，包括 02 章、10 章、12 章、24 章；而另一些类别新进入前十，包括 21 章、23 章、13 章、03 章。这是由于中国加入世贸组织后，一些类别的农产品在俄罗斯市场的比较优势发生了变化，从而导致一些类别的农产品对俄出口下降而另一些类别的农产品对俄出口增加。

表 3.3 列出了“一带一路”倡议提出后，中国农产品对俄罗斯出口前十大类别的分布情况。

表 3.3　中国对俄罗斯出口农产品种类前十排名　(单位:亿美元)

排名	2002 年		2014 年		2015 年		2016 年	
	HS类别	出口额	HS类别	出口额	HS类别	出口额	HS类别	出口额
1	02	1.29	07	3.15	07	3.29	08	3.48
2	10	0.52	20	3.14	08	3.08	07	3.34
3	20	0.44	08	2.90	20	2.41	20	2.34
4	08	0.42	52	1.79	52	1.04	52	1.22
5	16	0.37	16	1.14	16	0.76	21	0.71
6	07	0.34	21	1.05	21	0.74	16	0.62
7	12	0.32	23	0.54	23	0.48	23	0.47
8	52	0.22	09	0.52	13	0.45	13	0.47
9	24	0.22	03	0.50	09	0.43	09	0.45
10	09	0.12	17	0.47	17	0.36	03	0.33

数据来源:根据 UN Comtrade 资料计算。

由表 3.3 可知,2014—2016 年,中国农产品出口俄罗斯排名前三位的类别稳定在 07 章、20 章和 08 章,三年间仅具体排名略有不同。而作为对比,2002 年的前三名依次为 02 章、10 章和 20 章,2014—2016 年,只有 20 章仍位居前三,其他两章则跌出前十。

2014—2016 年,中国农产品对俄罗斯出口排名前十的类别中除个别类别外,总体上保持稳定。也就是说,这三年间,中国农产品对俄罗斯出口排名前十的类别分布与刚入世时的 2002 年发生了较大变化。这表明,相比较 2002 年,在 2014—2016 年期,中国农产品对俄罗斯出口的比较优势有了较大变化。

同时,2014—2016 年这三年间,与世界农产品对俄罗斯出口前十类别相比，中国农产品只有08章、07章、20章、21章、17章[①]属于俄罗斯农产品市场所需要的核心产品类别。[②]

3.1.4 中国输俄农产品出口增幅排名前十的种类

以2002年为基数，2002—2016年中国农产品对俄罗斯出口复合增长率前十品种如图3.3所示。

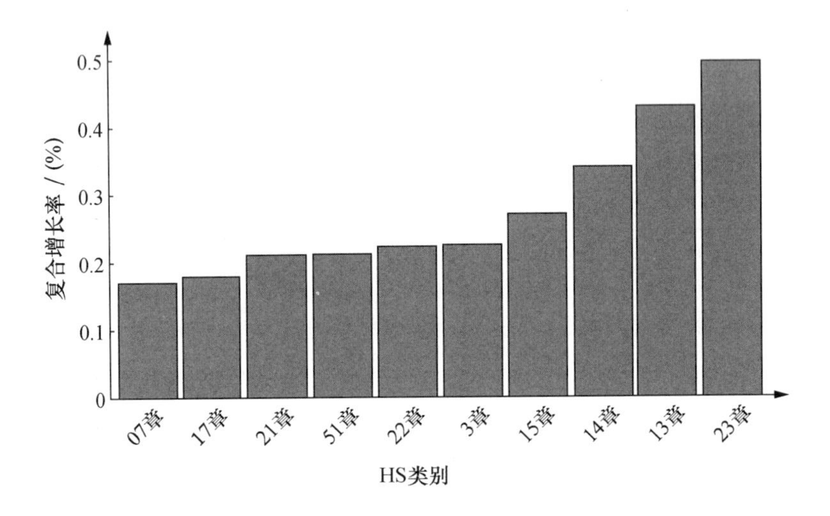

图3.3 中国农产品出口俄罗斯复合增长率前十的排名

数据来源：根据UN Comtrade资料计算。

其中，23章的复合增长率接近50%，强劲的复合增长率使得23章（食品工业的残渣及废料，配制的动物饲料）由2002年的不足17万美元，猛增至2016年的474万美元，并跻身2016年十大对俄出口农产品第七位。相对于2002年，2016年新进入前十的农产品复合

① 17章（糖及糖食）2014—2015进入前十，2016年未进入。

② 本书将排名前十的农产品定义为出口俄罗斯的核心农产品。

增长率也比较高，21章复合增长率21%，13章复合增长率42.8%，03章复合增长率22.4%。而复合增长率排第三位的第14章由于基数过小，暂未进入2016年中国农产品对俄出口贸易额前十行列。

02章由于受到俄罗斯质量检验检疫等措施的限制，出口总体上呈迅速下降态势。2002年对俄出口尚有1.29亿美元，但在2003年，俄罗斯以禽流感为由禁止中国肉类产品进口。2013年乌克兰危机爆发后，俄罗斯开始逐步放松中国肉类制品进口，2015年中国猪肉制品进入俄罗斯市场再次受到限制。[①] 受此影响，至2016年，中国肉类制品对俄罗斯出口已下降为仅259万美元。

2014—2016年，中国农产品对俄出口贸易额位居前三的是08章、07章和20章，而世界农产品对俄出口贸易额前三品种是02章、04章和08章。这表明，与世界农产品相比，中国农产品在俄罗斯市场的比较优势可能并不明显，虽然08章既是世界出口俄罗斯的主要农产品，同时也是中国出口俄罗斯的主要农产品，但这并不一定表明中国的水果类农产品在俄罗斯市场拥有较强的比较优势，反而可能是俄罗斯受到外部环境的影响，不得不选择从中国进口水果类农产品。一些出口增幅较大的农产品（比如23章），如果其增长趋势能继续得以保持，那么，这些农产品有望在未来进入中国农产品出口俄罗斯贸易额前列。

---

① 参见崔宁波等.乌克兰危机下的中俄农产品贸易发展趋势及对策研究[J].求是学刊，2015,(5)。

3.1.5 中俄农产品贸易中中方处于顺差地位

中俄互为最大邻国，自2002年中国加入世界贸易组织以来，中俄农产品贸易增长十分迅速。2002—2016年，中国农产品对俄罗斯累计出口173.52亿美元，俄罗斯农产品对中国累计出口37.82亿美元。但是，相对于中国GDP的快速增长，中俄农产品贸易总量偏小，增长缓慢，2014—2016年还出现了负增长。就中俄双边农产品贸易来看，中方保持顺差地位。2014—2016年中国对俄顺差呈减少趋势。农产品贸易顺差减少趋势可能是暂时的，也可能会持续较长一段时间。从中俄农产品双边贸易利益平衡的角度看，只有不断增强中国农产品比较优势，增加新的出口类别，扩大既有出口规模，才能减缓农产品贸易顺差下降趋势。（详见表3.4）

表3.4 2002—2016年中俄农产品双边贸易额 （单位：亿美元）

年份	中对俄	俄对中	中方顺差额
2002	4.49	0.60	3.89
2003	5.74	0.87	4.87
2004	5.87	0.75	5.11
2005	6.93	0.76	6.17
2006	8.74	0.73	8.02
2007	10.67	0.91	9.76
2008	12.83	0.45	12.38
2009	10.35	5.63	4.72
2010	13.97	7.88	6.09
2011	18.02	6.84	11.18
2012	14.45	1.00	13.46

（续表）

年份	中对俄	俄对中	中方顺差额
2013	15.56	1.23	14.33
2014	17.13	1.80	15.33
2015	14.20	3.25	10.94
2016	14.56	5.11	9.44
总计	173.52	37.82	135.70

数据来源：根据 UN Comtrade 资料计算。

2002—2016 年，俄罗斯农产品对中国出口年均增长率为 15.5%，远高于中国农产品对俄罗斯出口的年均增长率 6%。从中俄农产品双边贸易额与年均增长率可以看出，中俄农产品贸易并不平衡。2002—2016 年，中国对俄罗斯农产品出口保持顺差。其中，2002—2013 年顺差表现为增长趋势。自 2013 年中国提出“一带一路”倡议以来，中俄两国双边贸易关系日益紧密，俄罗斯农产品对中国的出口呈强劲增长趋势，而中国农产品对俄罗斯出口反而有一定程度的下降。因此，在 2014 年中国农产品对俄顺差达到 15.33 亿美元相对高点后，开始呈现逐年降低趋势。这表明，从现状看，在中国农产品对俄出口总体增长趋势下，可能存在着增长后劲不足的问题，需要进一步分析。

3.2　中国对俄农产品出口存在的主要问题

通过对现状的分析，本节也发现了中国农产品出口俄罗斯可能存在的若干主要问题，例如，中国农产品出口俄罗斯的市场排名有所上升,但由于历史原因,中国并非俄罗斯农产品主要进口来源地,输俄农产品绝对量不高,一些农产品(如肉制品)还受到进口限制。以下是对这些问题的具体阐述。

3.2.1 中国农产品对俄罗斯出口总量低

与中国经济总体上长期快速而稳定的发展相比,中国农产品对俄罗斯出口总量偏低,且增长尚不稳定。尤其是2014—2016年呈下降趋势。虽然2002—2016年中国农产品对俄罗斯出口总量呈上升趋势,也有一定的增长幅度,但由于对俄罗斯出口绝对量偏低,使得本书去发现问题并解决问题就特别重要。换言之,如果中国农产品不能尽快实现增长幅度与贸易额的双双快速增长,那么,就很难改变目前中国农产品过分依赖东盟与美日韩等国市场的现状。

日本、韩国、中国香港①、东盟及美国是中国农产品主要出口目的地。以2016年为例,中国农产品对俄罗斯出口为14.7亿美元,而对日本的出口则为62.8亿美元,两者相差327%;同样,中国农产品对中国香港、美国和韩国的出口也远高于对俄罗斯的出口。可见,中国农产品出口贸易主要仍面向发达国家和地区,对俄罗斯的出口总量相对偏低。

3.2.2 中国输俄农产品结构不尽合理

中国农产品出口俄罗斯居于领先地位的前三类品种同世界农产

① 中国香港是内地农产品重要的转口贸易集散地,也是重要的消费市场,但由于香港自身生产、种植农产品数量极少,在本书后续研究中予以剔除。

品出口俄罗斯的前三类品种不尽相同，说明中国农产品对俄出口结构同世界相比不尽合理。

从供给侧看，中国农产品尚未与俄罗斯市场的消费偏好保持高度一致，也就是说，中国农产品尚不能符合俄罗斯市场对农产品消费的主流需求。一方面，这可能是由于存在比较优势，中国无法提供相应的农产品并成功出口到俄罗斯，另一方面，对中国与俄罗斯两个边境相连的大国而言，彼此都有着扩大农产品贸易的战略动机和现实需求，因此，这也可能成为将来中国农产品对俄出口增长新的战略契机。

3.2.3　中国肉类产品因生产质量标准偏低难以进入俄罗斯市场

俄罗斯进口的农产品中，肉类制品占很大比重，这主要与俄罗斯市场肉类消费量巨大有关。

2002—2016年，世界农产品各章对俄罗斯出口额累计前十位如图3.4所示，HS类别中02章位列第一，且远高于其他农产品，表明俄罗斯对肉类需求在所有进口农产品中最为旺盛。

2002年，世界农产品02章对俄出口额为23.7亿美元，2016年为22.36亿美元，累计增幅－5.6％。可见，在俄罗斯受到经济制裁时，世界肉类对俄出口的规模也受国际政治、经济的影响而有所下滑。

进一步对2014—2016年世界农产品对俄出口额进行对比分析，如表3.5所示，排名前三位的农产品仍为02、04、08三章，02章（肉类）产品位列第一，而04章（乳品等）、08章（水果及坚果等）在不同

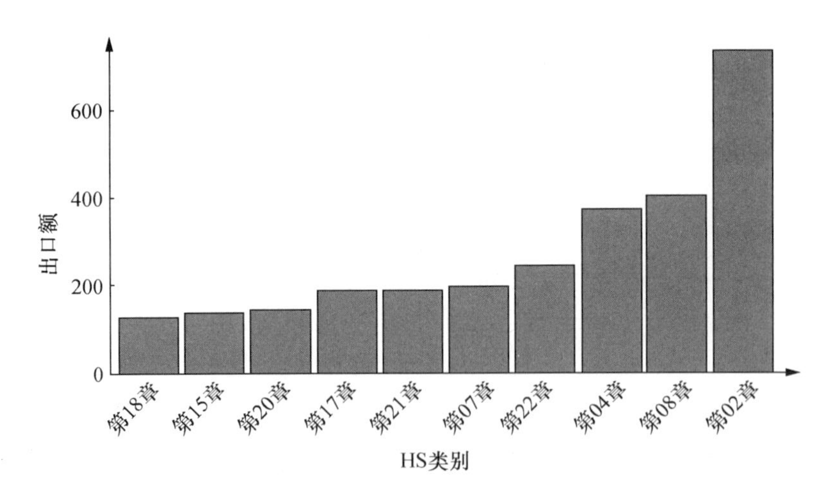

图 3.4 对俄出口农产品排名前十的类别（2002—2016 年累计额）（单位：亿美元）

数据来源：根据 UN Comtrade 资料计算。

年份排名不同。15 章（动植物油脂等）则在 2015 年首次进入前十，排第九位，并在 2016 年进一步上升到第七位。而第 19 章（谷物等）2014 年排名第八位，并在 2015 年、2016 年连续两年退出前十。总体上，2014—2016 年，世界农产品对俄罗斯出口十大主要产品中，排名前三的类别非常稳定，而排名后三的类别名次交替变化，这在一定程度上表明，俄罗斯在 02 章、04 章和 08 章方面，自身的供给难以满足，需要从世界进口，即便进口量因各种因素有所下降，但这三章农产品的进口额仍然稳居俄罗斯市场前三，表明与俄罗斯相比，世界农产品在这三类品种上具备一定的比较优势。

表3.5 2014—2016年对俄罗斯出口农产品前十排名(单位:亿美元)

排名	2014年		2015年		2016年	
	HS类别	出口额	HS类别	出口额	HS类别	出口额
1	02	55.73	02	28.77	02	22.36
2	04	37.76	08	21.63	04	20.59
3	08	30.57	04	19.25	08	16.69
4	22	24.34	07	14.78	22	13.54
5	07	22.50	22	13.26	21	9.90
6	21	17.65	21	11.28	07	9.04
7	20	12.71	09	8.81	15	7.45
8	19	11.52	20	8.62	20	7.20
9	18	11.31	15	8.06	09	6.82
10	09	11.11	18	7.92	18	6.77

数据来源:根据UN Comtrade资料计算。

表3.5表明,2014—2016年三年间,世界对俄农产品出口的核心品种[①]没有发生大的变化,而各具体品种的排名有所不同。但结合表3.2可知,自“一带一路”倡议提出以来,尽管俄罗斯遭受经济制裁,但制裁引起俄罗斯农产品进口开始转向亚洲国家,增强了亚洲国家在俄罗斯农产品市场的地位,这种趋势可能为中国提供更多的机会。

但在中国出口到俄罗斯的农产品中,属于世界对俄罗斯出口农产品中的核心类别不多(核心类别即上文所指2002—2016世界对俄累计出口农产品排名前十类别)。目前只有水果类(08章)包含其中。由于中国的肉类制品因质量标准低等原因受到俄罗斯禁止进口的限制,因此导致出口锐减。

① 本书将排名前十的农产品定义为出口俄罗斯的核心农产品。

因此，中国农产品对俄出口种类与俄罗斯主要进口的农产品种类并不匹配，既有比较优势的原因，也有产品质量标准方面的因素。

3.2.4 中俄缺乏农产品贸易增长的长效机制

中国与俄罗斯尚未就农产品自由贸易达成协议，缺乏两国农产品贸易增长的长效机制。就目前而言，中国与俄罗斯作为邻国，农产品贸易的增长动力可能主要来自于双边农产品的互补性，也就是说，政策层面对两国农产品贸易的支持力度偏低，特别是与东盟相比，两国尚缺乏一个自由贸易协定框架下的农产品贸易互惠政策机制安排，贸易成本偏高可能是阻碍中俄农产品双边贸易的一个重要原因。

本章小结

本章分析了中国农产品对俄罗斯出口现状，以及所存在的问题。如何更深入地看待这些问题？本书认为，可以从贸易潜力、比较优势下的出口增长倾向性、战略性贸易政策的运用，以及双边自由贸易协定等方面展开实证分析。实证分析有助于得出更有逻辑性的、建立在数据与事实基础上的结论。为了突出分析的重点，本章提出了世界农产品对俄罗斯出口的“核心农产品”概念，并将在后续分析中反复提及。

第4章　中国农产品对俄罗斯出口增长的潜力研究

本章运用扩展引力模型，构建面板数据，从总量上分析中国农产品对俄罗斯的出口潜力。与此同时，运用贸易互补指数、出口相似度指数及贸易强度指数，实证分析中国农产品各具体类别对俄罗斯出口的互补性、竞争性及贸易潜力，并作对比分析。

通过对贸易潜力的分析，本章将初步回答，中国农产品对俄罗斯出口是否具有贸易潜力及增长的可能，从而为后续各章的研究奠定基础。

4.1　贸易潜力测度工具

所谓贸易潜力，是一个国际贸易常见术语，一般理解为两国之间应该具有的贸易规模和发展潜力。已有文献分析测度贸易潜力，通常采用两类方法进行实证。(1) 运用扩展引力模型或其变化形式，实证研究出口国的出口贸易潜力；(2) 综合运用竞争性、互补性和贸易强度等指标，从具体产品类别层面分析出口特定国家的出口贸易潜力。第一类方法侧重一国总体贸易潜力，第二类方法则深入具体的产品类别。

扩展引力模型及其变化形式在双边贸易流方面具有很强的解释力，尽管最早人们认为引力模型并没有建立在经济学理论的基础上，但也有一些文献从经济理论推导出类似于引力模型的方程。[①] 无论基于经济学理论还是基于普通的地理学常识，毋庸置疑的是，引力模型的一个重要应用是寻找贸易异常，[②]即如果两国双边实际贸易与引力模型理论值的实证分析相差太远，就需要找出原因予以解释，如果表现为实际贸易流量（或市场份额）低于根据引力模型计算的理论值，这种异常就体现为贸易不足或贸易潜力，反之为贸易过度。

除了在总体贸易流量上的引力模型解释，针对具体类别层面的贸易潜力研究也有一些重要的分析工具。文献一般采取将出口产品竞争性、互补性与贸易强度三个指数结合起来，综合判断。杨希燕、王迪（2005），汤碧（2012），邝艳湘（2011），刘志中（2017）等研究结果表明，两国农产品具体类别上如果互补性较大，竞争性较低，且贸易强度较高，那么，这些农产品就具有较大的贸易潜力。

基于比较优势理论和要素禀赋理论，一国农产品的比较优势决定了该国参与国际贸易的程度。而各国在比较优势基础上进行农产品贸易，有利于贸易各方共赢互利。基于新贸易理论，由于垄断竞争与规模报酬递增，一国生产规模扩大可以降低平均成本，因而即便是

① 参见〔美〕克鲁格曼等.国际经济学——理论与政策（上册）[M].黄卫平等，译.中国人民大学出版社2011年版。

② 同上。

贸易品同属一个产业，也可能发生产业内贸易，并提高参与贸易的两国的福利水平。

基于比较优势理论与新贸易理论，在要素禀赋差异较大时，两国出口产品结构差异较大，两国双边贸易有可能发生在不同部门。在双边贸易中，两国产品“互通有无”，同时，在世界市场上亦可相互补充，即两国出口产品具有“互补性”；当两国要素禀赋基本类似时，两国出口产品结构相近，贸易在同一个产业部门类别中也可能产生。产业内贸易的最终结果取决于规模经济，即平均生产成本的高低，平均生产成本低的一方将产品出口到平均生产成本高的一方，考虑到技术进步因素，两国相同产业平均生产成本不断处于“你追我赶”的变化过程中，曾经的出口国也会由于技术落后、平均生产成本不再具有优势而成为进口国，因此，两国产业内贸易的结果是动态变化的，取决于贸易双方产品规模经济水平的相互竞争。同时，在世界范围内，相似的出口产品结构与规模经济也使得两国出口在世界市场上具有“竞争性”。

因此，在已知进口国与出口国农产品显性比较优势的前提下，可以通过测度两国出口农产品结构的互补性和相似性，从双边贸易与世界市场两方面分析两国出口农产品是互补性还是竞争性关系；进一步地，再通过分析两国农产品贸易联系的紧密程度，就可以推断出两国农产品具体类别层面上贸易潜力的大小。

4.1.1　基于扩展引力模型的贸易潜力测度

鉴于引力模型在解释国际贸易流量方面的大量成功运用，引力模型已经成为国际贸易理论中常用的测算贸易潜力的方法。不少文献通过对比引力模型“理论值”与实际贸易流量来分析双边的贸易潜力。Nilsson(2000)和 Egger(2002)提出，根据传统引力模型估算出的双边贸易拟合值称为“贸易潜力”，用实际贸易值同拟合值的比率测度双边贸易的效率。国内不少文献沿用传统引力模型估计贸易潜力(盛斌、廖明中，2004；赵雨霖、林光华，2008)；为了克服传统引力模型在估计贸易阻力时存在的偏差(Armstrong，2007)，也有文献采用随机前沿引力模型测度贸易潜力(施炳展、李坤望，2009；谭秀杰、周茂荣，2015)。在测度贸易效率方面，董桂才(2009)采用出口份额的实际值与理论值的比值来衡量，在运用扩展引力模型时，引入了人均水资源等要素作为解释变量。曾国平等(2008)认为，中国农产品主要针对 GDP 较大且距离接近的国家，并且对与中国同属一个贸易地区性组织的国家出口比较集中。帅传敏(2009)在对比分析中美农业贸易潜力时认为，中国对主要贸易伙伴的农产品出口潜力集中于贸易潜力成长型和贸易潜力待开发型的经济体。

已有文献在实证研究中国出口贸易潜力时，一般着眼于引力模型本身的改进或变化，如采用随机前沿引力模型，或者在扩展引力模型中引入要素变量，或者改变贸易潜力的计算方式，用相对数份额比值代替绝对数比值；或者在研究某一区域的贸易潜力时，将中国对该区域内所有国家的出口贸易潜力作泛泛比较。但少有文献针对“一带一路”沿线主要国家进行实证分析，以研究一个设定区域内主要国家的“贸易潜力”。本书认为，基于李嘉图比较优势理论，通过扩展引力模型对比分析研究“一带一路”沿线主要国家的“贸易潜力”，可以有效锁定在特定区域内中国农产品出口增长的方向和地区。

综合有关文献，本书尝试将“一带一路”沿线主要国家视同一个

"整体"来分析，[①]基于李嘉图比较优势理论，运用引力模型来考察、分析中国农产品对沿线主要国家的出口潜力。在当前"逆全球化"趋势的新形势下，考察中国农产品对"一带一路"沿线主要国家的"贸易潜力"，对于巩固中国农产品既有市场份额、提高出口贸易流量、优化农业生产结构具有重要意义。

4.1.2 基于互补性、竞争性与贸易强度的贸易潜力测度

本书认为，仅仅从国家层面基于引力模型所得到的贸易潜力研究实证结果，缺乏从具体产品角度对比分析中俄两国农产品贸易的潜力。首先，一国农产品出口，基于比较优势，会呈现一定的出口产品结构上的差异，如果差异较大，两国农产品贸易可能存在互补性；如果差异较小，两国农产品贸易可能存在竞争性。其次，中俄两国农产品贸易潜力大小来自于具体产品在比较优势下的出口增长可能性，通过对中俄两国农产品贸易互补性、竞争性和贸易紧密程度（贸易强度）的分析，可以从微观层面把握中俄农产品贸易潜力的有关细节，并与通过扩展引力模型所得到的实证结论相互补充。

已有文献对具体农产品类别出口贸易潜力的研究，往往也是从贸易互补性、竞争性和贸易强度三方面展开。针对中俄农产品贸易互补性、竞争性及贸易潜力等方面的研究也有许多。相关文献的研究结论趋于一致，大多认为中国与俄罗斯在农产品贸易方面存在较强的互补性，竞争性不突出（杨希燕、王迪，2005；汤碧，2012），而对比分析中国与俄罗斯两国双边农产品贸易，其中中国农产品出口对俄

① 商务部《中国对外投资合作发展报告（2016）》将中国对外累计投资存量排名前十国家界定为"一带一路"沿线主要国家，本书沿用商务部这一划分。

罗斯拥有较大比较优势，且两国农产品互补性呈上升趋势（刘志中，2017）。

本书从出口总量与具体出口类别两个角度对中国农产品出口俄罗斯贸易潜力加以实证分析，可以弥补单一方法的不足；同时，不同方法的实证分析使得本章有关贸易潜力研究结果可以相互印证。

4.2 增长潜力的实证研究

4.2.1 基于扩展引力模型的实证

1. 模型选择、变量与数据说明

遵从文献综述中关于贸易潜力测度的相关实证文献，本书采用扩展引力模型，将“一带一路”沿线主要国家视作一个区域整体，对这些国家贸易潜力进行实证分析，从而得到中国农产品出口俄罗斯贸易潜力总量在“一带一路”区域内的排名及优先程度。

（1）模型选择

Anderson（1979）提出了引力模型的一个简明理论解释。假定产品差异化来自于国别差异，消费者偏好相同且类似，在无贸易摩擦状态下，一国出口产品占另一国市场份额等价于该国经济总量占世界市场份额。一般地，如果存在贸易摩擦，则贸易摩擦越大，双边贸易额就越小。通常可以用两国地理距离来近似代替摩擦。贸易摩擦一般也称为贸易成本。文献中，考虑不同的因素对贸易成本的影响，可以引入共同边境、区域自由贸易协定及共同语言等变量，以期获得较为准确的贸易潜力测度结果。本书采用以下扩展引力模型：

$$\ln trade = \ln gdp\_o + \ln gdp\_d + \ln distance + Z + \mu \quad (4\text{-}1)$$

式(4-1)简化了年份、国别下标。trade表示出口国对进口国的出口贸易流量；gdp_o表示出口国的国内生产总值，或者人均国内生产总值；[1]gdp_d表示进口国的国内生产总值[2]；distance表示距离；Z表示其他贸易成本的总和；μ表示随机误差。

Anderson & Wincoop(2004)认为，扩展引力模型可以解释双边贸易流量的80%—90%。因此，扩展引力模型可以较好地从整体上模拟双边贸易流量，如果A国对B国产品出口的实际流量(或者相对市场份额)低于理论值，就可以认为A国对B国的出口贸易存在一定的潜力。

在本书的研究中，式(4-1)用于考察中国与包括俄罗斯在内的“一带一路”沿线主要国家农产品贸易流量理论值与实际值的吻合程度，如果实际值明显偏离理论值，根据以往文献有关研究结论，可以判定两国存在贸易潜力大小。

(2) 变量说明及数据

在具体选择进入式(4-1)的变量时，应当结合具体情况，考虑到一些贸易成本变量在回归中并不显著，我们采取文献中常用的向后剔除法，以期求得最佳拟合度。通过分步剔除，我们有以下变量组合进入式(4-1)模型。如表4.1所示。

---

① 在实证时，本书采用人均国内生产总值。

② 本书采用相对值，即进口国GDP对出口国GDP的比值。

表 4.1 扩展引力模型变量、含义及数据来源

变量名	英文代码	属性	预计符号	变量说明	数据来源
出口贸易额	trade	被解释变量		中国对一国农产品出口额	Uncomtrade
出口国生产率	gdp_r_a	解释变量	正	用中国人均 GDP 代表出口国生产率	WDI
进口国市场容量	gdp_p_r	解释变量	正	进口国 GDP 与出口国 GDP 相对比率	WDI
距离	distance	解释变量	负	出口国进口国首都地理距离	CEPII
经济自由度	ecofree	解释变量	正	进口国市场开放程度	HeritageFoundation
内陆国家	landlock	解释变量	负	内陆国家为 1，其他 0	
区域性组织	sco	解释变量	正	同属上合组织为 1，其他 0	www.sectsco.org

表 4.1 中所有被解释变量均采用向后剔除法得到。基于李嘉图比较优势理论，有关变量选取进一步说明如下：

① 出口国生产率。文献常用出口国 GDP 总量反映其经济规模和生产能力。亦有文献采用人均 GDP 指标。本书认为，根据李嘉图比较优势理论，真正决定出口国产品是否具有比较优势的是该国在该产品上的劳动生产率水平，如果无法直接得到该数据，可以采用人均 GDP 来近似模拟出口国劳动生产率水平。该变量以自然对数进入模型。

② 进口国市场容量。进口国的市场容量越大，则对进口的需求相对越大。一般文献采用绝对市场容量，即选择进口国 GDP 总额指标。但各进口国 GDP 变化的同时，出口国的 GDP 也在变化，那么在不同时段，即便某个进口国的 GDP 是相同的（即该国 GDP 受时间影

响较小)，也并不意味着该国在不同时段的市场容量是相同的。范爱军、刘馨瑶(2012)认为，采用相对 GDP 可以衡量进口国市场的真实规模，即进口国市场规模/出口国市场规模。本书借鉴范爱军、刘馨瑶(2012)的做法，采用相对 GDP 指标衡量进口国市场容量。该变量以自然对数进入模型。

③ 距离及是否内陆国家。遵从一般文献，距离变量采用两国首都地理距离，是否内陆国家本质上是一国与其周边国家距离的一种特殊形式，因此，可与首都地理距离配合进入模型，反映了空间、交通运输等对两国可变贸易成本的影响。距离变量以自然对数进入模型，是否内陆国家为 0—1 变量，内陆国家取 1，其他为 0。

④ 其他影响贸易成本的因素。经济自由度反映了一国经济总体对外开放及透明程度，经济自由度高的国家和地区，国际贸易往往也比较发达；区域性组织反映了区域间为了共同的政治、经济利益所作的制度安排。通过向后逐一剔除变量，上海合作组织(SCO)在模型中回归显著，而是否为东盟自贸区成员国、金砖国家等不显著，这可能是因为在“一带一路”沿线主要 10 个国家中，有 6 个并不属于东盟自贸区国家，即俄罗斯、哈萨克斯坦、阿联酋、巴基斯坦、印度、蒙古 6 个国家，显然“一带一路”沿线主要国家是以“丝绸之路经济带”国家为主。类似地，金砖国家也不适合作为 0—1 变量进入模型。本书认为，尽管经济与政治在一定程度上可以相对分离，但从长远来看，政治与经济密不可分，良好的政治关系最终会导致经济合作的不断加深，而政治上的分歧最终则会影响到经济合作的进一步发展。

经济自由度以自然对数进入模型，区域性组织为 0—1 变量，如果是上合组织正式成员为 1，其余为 0。

按数据的可获得性，中国对“一带一路”沿线主要国家农产品出口贸易数据来自于联合国 Comtrade 贸易数据库。反映出口国生产率水平的人均 GDP 和各国 GDP 总量(2002—2015 年)来自于世界银行的世界发展指数(WDI)数据库，2016 年度 GDP 来自于国际货币基金组织(IMF)。地理距离和边境相邻来自于 CEPII 数据库。经济自由度采用美国传统基金会公布的各国经济自由度综合指数。是否归属上海合作组织成员国，根据截至 2016 年上海合作组织官网(www.sectsco.org)公布的正式成员国确定。数据起止年限为 2002—2016 年。

2. 基于扩展引力模型的面板回归

综合模型选择、变量及数据的相关分析，本书根据式(4-1)进行面板回归。为了避免遗漏变量、降低估计偏误，本书采用面板数据，分三种情况回归，即混合回归、固定效应回归和随机效应回归。具体又分为：(1) 混合回归；(2) 稳健混合回归；(3) 固定效应面板回归；(4) 随机效应回归；(5) 稳健随机效应回归。在实施回归前，先进行单位根、多重共线性相关检验。单位根检验结果如下表所示：①

表 4.2 各变量对数值的单位根检验

出口对数值	漂移项	时间趋势	lag	最大滞后阶数	P 值
log(trade)	有	无	0	AIC 准则确定	5.11E-07
log(gdp_r_a)	有	无	0	AIC 准则确定	2.14E-07
log(gdp_p_r)	有	有	0	AIC 准则确定	1.44E-02
log(ecofree)	有	无	0	AIC 准则确定	2.2E-16

① R 软件 PLM 包的 purtest 函数计算，基于 ADF 的面板数据单位根检验。(Maddala G. S. and Wu S., 1999)距离作为常量与其他 0—1 变量等不需要进行单位根测试。

表 4.2 中“log(trade)”为中国农产品对“一带一路”沿线主要国家 2002—2016 年农产品出口贸易的自然对数，此变量为被解释变量，其余各变量为解释变量。“漂移项”即常数项，“时间趋势”表示出口对数值的变动受时间波动影响，lag 为指定滞后期，最大滞后阶数(pmax)由 AIC 信息准则确定。由表 4.2 可知，单位根检验的 *P* 值均十分显著，因此，可以拒绝原假设，即不存在单位根。对各解释变量多重共线性检验结果如下表所示：

表 4.3　各变量方差膨胀系数

gdp_r_a	gdp_p_r	distance
1.0577	4.7387	3.4181
ecofree	landlock	sco
1.1542	5.0835	2.2769

表 4.3 结果表明，所有变量(除 0—1 变量外，均以对数值进入模型)的方差膨胀系数最大的为 5.083，远小于 10，因此，不存在变量之间的多重共线性问题。

在被解释变量通过单位根检验、各解释变量通过多重共线性检验的基础上，下表列示了具体面板回归结果：

表 4.4　面板回归结果对比

变量	固定效应	混合	随机效应	混合(稳健)	随机效应(稳健)
gdp_r_a	0.8579***	0.7916***	0.8541***	0.7916***	0.8541***
	(0.00)	(0.00)	(0.00)	(0.00)	(0.00)
gdp_p_r	0.4916***	0.3327***	0.4815***	0.3327	0.4815***
	(0.00)	(0.00)	(0.00)	(0.1538)	(0.00)

（续表）

变量	固定效应	混合	随机效应	混合（稳健）	随机效应（稳健）
distance	—	−1.5017***	−1.5539	−1.5017	−1.5539
		(0.00)	(0.2138)	(0.0764)	(0.0658)
ecofree	1.5577***	2.3511***	1.5983***	2.3511*	1.5983**
	(0.00)	(0.00)	(0.00)	(0.0302)	(0.0057)
landlock	—	−3.0269***	−2.5807*	−3.0269**	−2.5807**
		(0.00)	(0.0405)	(0.0029)	(0.0045)
sco	—	1.7792***	1.4464	1.7792*	1.4464*
		(0.00)	(0.1455)	(0.0214)	(0.0346)
N	150	150	150	150	150
R square	0.8339	0.848	0.8341		
Hausman 检验 *P* 值			0.9679		
BP 检验 *P* 值		<2.2e-16			

注："***"表示在1%的水平通过显著性检验；"**"表示在5%的水平通过显著性检验；"*"表示在10%的水平通过显著性检验。

回归结果表明，各解释变量的符号与理论预测一致。Breusch-Pagan 检验 *P* 值十分显著，表明应拒绝原假设，即数据不满足同方差假设，因此混合回归结果虽然显著但不可靠，经过稳健性处理后，关键变量进口国市场容量 *P* 值不显著，故不采用混合回归结果；Hausman 检验 *P* 值为 0.9679，表明尽管固定效应回归结果十分显著，但采用随机效应模型更为可靠，由于存在异方差，我们对随机效应回归结果进行稳健性处理后，各解释变量均显著，因此，本书将随机效应模型经稳健性处理后的回归结果用于贸易潜力的估计。

3. 贸易潜力测算

结合第3章的分析，本书考虑在“一带一路”范围内对比分析中国农产品出口俄罗斯的贸易潜力，即如果将“一带一路”沿线内中国直接投资存量最大的十个国家视作一个“整体”，在这些国家所构成的“整体”范围中，中国农产品出口至哪些国家表现为相对的“贸易过度”，而在另一些国家，却表现为相对的“贸易不足”，抑或存在一定的“贸易潜力”可挖。

基于实证分析结果，并适当拉大时间间距，抽取2004年、2007年、2010年、2013年和2016年共5年的变量数据分别对被解释变量拟合，并在“一带一路”沿线主要国家这个设定区域内估计贸易潜力。本书贸易潜力的估计方法参照董桂才(2009)的做法，具体步骤是，分两步估计贸易潜力。[①] 第一步，将各国拟合结果转换成百分比，分子为各国拟合值，分母为各国拟合值合计；类似地，各国当年实际贸易流量也转换成百分比。第二步，计算转换成百分比的各国拟合值与各国实际值的比值，该比值即为“贸易潜力”。下图为中国与“一带一路”沿线主要国家农产品“贸易潜力”比较。[②]

由图4.1可知，在“一带一路”沿线主要国家这个设定区域内，中国农产品对俄罗斯、印度、巴基斯坦、新加坡及老挝五国具有进一步增加出口的“贸易潜力”；相反，中国农产品对其余五国表现为“贸易过度”，或者说没有农产品出口贸易潜力。对比分析具有“贸易潜力”

---

① 计算表明，从2004年开始，采取每三年计算得到的“贸易潜力”及其变动数据不影响分析结论。

② 实际作图时，对纵轴进行坐标变换，以0为界限，大于0表示“贸易过度”，小于0表示“贸易不足”即有“贸易潜力”。

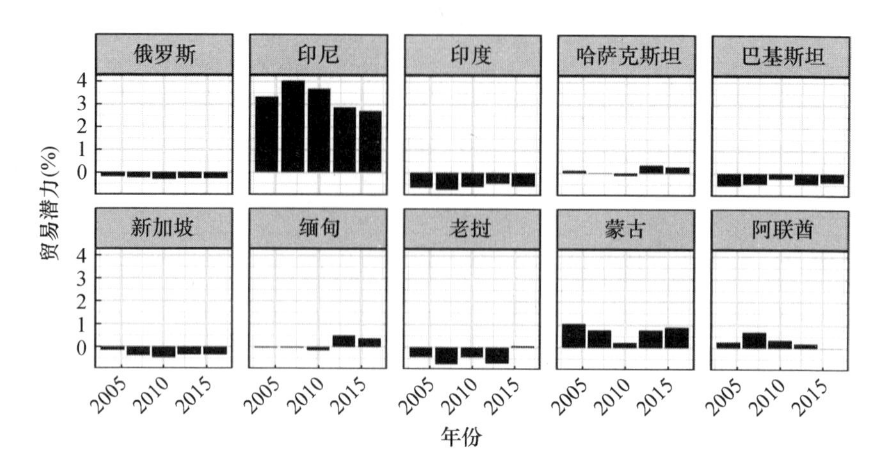

图 4.1 中国农产品出口“一带一路”沿线主要国家“贸易潜力”对比

数据来源：根据 UN Comtrade 资料计算。

的五国，不难发现，相比较其他同样存在“贸易潜力”的四个国家，中国农产品对俄罗斯出口增长的空间较小，从比较优势的角度看，也可以理解为，如果中国农产品出口上述五国时，对俄罗斯出口增长的概率小于其他四国。

一般而言，如果一国对另一国的直接投资存量较高，那么，两国之间的经贸关系也应当更加紧密，换言之，两国之间的贸易壁垒也应当低于其他直接投资较低的国家和地区。因此，对该区域的农产品出口增长有可能高于对世界的增长水平。（如图 4.2 所示）

因此，结合图 4.1 和图 4.2，本书认为，既然中国农产品在直接投资较多的区域有较快的出口，那么，进一步的增长动力可能来自于该区域尚有“贸易潜力”可挖的国家。这些国家包括印度、老挝、巴基斯坦、俄罗斯和新加坡；而阿联酋、印尼、哈萨克斯坦、缅甸和蒙古则属于相对“贸易过度”的国家，其进一步增长的潜力有限。其中，直接投

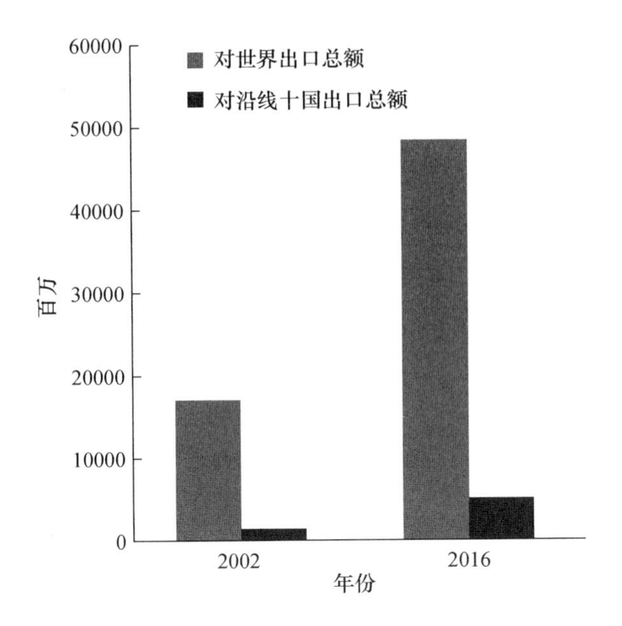

图 4.2　2002 年与 2016 年中国农产品出口额对比（百万美元）

数据来源：本文作者根据 UN Comtrade 资料计算。

资存量排名前两位的新加坡与俄罗斯均属于有“贸易潜力”的国家，而投资存量排名第三的印度尼西亚属于“贸易过度”、增长潜力有限的国家。为了对比，表 4.5 列出了中国对“一带一路”沿线主要国家直接投资排名、进口国相对市场容量均值①、“贸易潜力”均值和排名②。

① 沿用图 4.1 的口径，取 2004 年、2007 年、2010 年、2013 年、2016 年共五年均值。

② 沿用图 4.1 的口径，大于 0 为贸易过度，小于 0 为贸易不足。平均值为 2004 年、2007 年、2010 年、2013 年、2016 年共五年均值。

表 4.5 投资存量排名、进口国相对市场容量与“贸易潜力”

国家	投资存量排名	进口国相对中国市场容量均值	“贸易潜力”均值	(潜力排名)
新加坡	1	4.10%	−0.1	(5)
俄罗斯	2	25.27%	−0.2	(4)
印尼	3	11.09%	2.7	(10)
哈萨克斯坦	4	2.25%	0.1	(6)
老挝	5	0.12%	−0.5	(2)
阿联酋	6	5.37%	0.5	(8)
缅甸	7	0.63%	0.2	(7)
巴基斯坦	8	3.42%	−0.4	(3)
印度	9	27.46%	−0.7	(1)
蒙古	10	0.11%	0.8	(9)

数据来源:投资存量排名转引自商务部:《中国对外投资合作发展报告(2016)》,其余作者自行计算。

从平均“贸易潜力”的角度分析,在“一带一路”沿线主要国家范围内,相对该区域其他国家而言,中国农产品对印尼出口增长空间十分有限,甚至可能出现负增长。而对印度、巴基斯坦等南亚次大陆国家的农产品出口则有较大的增长空间;东盟国家中中国对老挝直接投资存量排名第5,平均“贸易潜力”为−0.5,也具有较大的增长空间。表4-5直观地显示,中国农产品对俄罗斯出口增长潜力在“一带一路”沿线主要国家中排第4位,排第1位的是印度,而排第十位的是印尼。

由本章所构建的扩展引力模型实证结果可知,结合进口国市场容量因素,在“一带一路”沿线主要国家这个设定区域内选择优先发展农产品出口贸易的目标国家时，在所有具有“贸易潜力”的备选国家中，中国对俄罗斯投资存量排名仅次于新加坡，居第二位，且相对“一带一路”沿线其他主要国家，“贸易潜力”均值为－0.2，小于0，在具有贸易潜力的国家中排第三位；相对中国的市场容量为25.27％，仅次于印度，同样居第三位；因此，与“一带一路”沿线其他主要国家对比，俄罗斯具有较大的市场容量和贸易发展潜力，在“一带一路”区域内，中国农产品对俄罗斯的出口贸易应当优先得到发展。

4.2.2　基于竞争性、互补性与贸易强度的实证

对具体类别农产品出口贸易潜力而言，可以通过综合分析中俄两国相关农产品的互补性、贸易强度及产品出口相似性等指数来研究。对于农产品，一般而言，互补性和贸易强度越大，双边贸易潜力越大；产品出口相似性越大，双边贸易竞争性越强，双边贸易潜力越小。

无论从世界市场的角度还是从双边贸易的角度来看，出口农产品的互补性与竞争性可以认为是一个硬币的两面，其实质是一国出口农产品是否具有比较优势与规模经济。不同的比较优势与规模经济决定了一国出口农产品的国际市场竞争能力。规模经济相近、比较优势相近的两国同类农产品相互竞争的可能性较大，相互竞争的结果有可能导致两国农产品贸易以产业内贸易为主（Krugman，1980）；而不同比较优势、不同规模经济的不同类农产品的出口目标市场不同，因而构成互补关系，互补关系有可能导致两国农产品贸易以产业间贸易为主。

1. 相关数据说明

为了与扩展引力模型研究所采用数据口径一致，本部分中国和俄罗斯农产品出口额数据来自 UN Comtrade 数据库，采用 HS 2 分位数据；样本期为 2002—2016 年；农产品包括 HS 分类中的 01—24 章和 51、52 两章。

2. 中俄农产品贸易互补性分析

(1) 显性比较优势(RCA)

本书采用显性比较优势指标分析中俄出口农产品的比较优势，并在此基础上，进一步分析两国出口农产品的综合贸易互补性。

显性比较优势，是指一个产品 k 占 i 国的出口份额与其在世界贸易中份额的比率，由 Balassa 于 1965 年率先提出。公式为：

$$\mathrm{RCA}_k^i = \frac{X_k^i / X_i}{X_k / X} \tag{4-2}$$

其中，X_k^i 表示国家 i 关于 k 产品的出口额，X^i 为国家 i 的总出口额；X_k 表示世界关于 k 产品的总出口额，X 则表示在给定的分类水平上，全世界总产品出口额。RCA 可以在任何贸易分类水平上计算，若 RCA>1，表示 i 国的 k 产品具有显性比较优势，反之，则没有。但 RCA 的计算结果是不对称的，对显性优势明显的国家，RCA 可以无穷大，而对于完全没有显性的产品，该值会趋近于零。考虑到比较优势会随着时间的变化而波动，本书假定连续三年显性比较优势均大于 1 的农产品，在世界市场上具备较强的竞争力。

由表 4.6 可知，2014—2016 年中国对世界出口农产品的第 01、03、05、07、12、13、14、16、20、51 及 52 章显性比较优势连续三年均大于 1，具有较强的出口比较优势；2014—2016 年俄罗斯对世界出口农产品的第 03、10、11、12、14、15、18、23、24 章显性比较优势连续三年均大于 1，具有较强的出口比较优势。对比中俄两国在世界市场具有出口比较优势农产品集，只有第 03、12、14 章为两国均具有较强的显性比较优势，这些农产品既可能在两国双边贸易中相互竞争，更有可能在世界市场上相互竞争。除第 03、12、14 章之外的其他农产品则可能不存在激烈竞争，更多地表现为两国出口农产品在世界市场中的一种互补关系。

表 4.6　中俄两国出口的农产品的 RCA 对比

HS 类别	中国出口的农产品的 RCA					俄罗斯出口的农产品的 RCA				
	2002	2008	2014	2015	2016	2002	2008	2014	2015	2016
01	0.94	0.76	1.04	1.15	1.40	0.10	0.04	0.14	0.15	0.16
02	0.36	0.20	0.15	0.14	0.11	0.01	0.01	0.11	0.14	0.22
03	1.68	1.27	2.91	3.03	2.67	1.57	0.48	2.75	3.25	2.95
04	0.15	0.21	0.09	0.11	0.11	0.50	0.58	0.42	0.39	0.38
05	4.13	4.61	4.07	3.46	3.33	0.49	0.46	0.88	1.04	1.00
06	0.10	0.24	0.44	0.28	0.50	0.01	0.01	0.01	0.02	0.04
07	1.69	1.92	1.86	1.86	2.14	0.25	0.15	0.51	0.85	0.88
08	0.42	0.77	0.89	0.97	0.96	0.25	0.13	0.10	0.10	0.07
09	1.07	0.99	0.67	0.71	0.94	0.14	0.45	0.41	0.35	0.35
10	1.05	0.16	0.13	0.10	0.15	6.67	4.43	1.80	1.84	2.41
11	0.46	0.83	0.61	0.57	0.58	0.96	2.48	1.25	2.00	1.79
12	1.12	0.92	1.94	1.85	1.76	0.29	0.18	1.41	1.49	1.99
13	0.78	2.33	3.22	3.55	3.23	0.01	0.03	0.12	0.14	0.16
14	2.72	2.55	2.26	2.42	2.43	0.05	1.78	1.81	1.75	1.33
15	0.09	0.17	0.12	0.13	0.12	0.59	1.45	2.95	2.92	3.10
16	3.14	3.81	2.53	2.36	2.49	0.79	0.71	0.52	0.43	0.45
17	0.33	0.53	0.90	0.94	0.93	1.20	0.63	1.05	0.83	0.95
18	0.06	0.15	0.19	0.17	0.18	1.24	1.52	1.82	1.35	1.44

（续表）

HS类别	中国出口的农产品的RCA					俄罗斯出口的农产品的RCA				
	2002	2008	2014	2015	2016	2002	2008	2014	2015	2016
19	0.63	0.60	0.50	0.48	0.47	0.47	1.02	0.97	0.88	0.73
20	1.82	2.45	2.11	1.96	1.84	0.12	0.30	0.69	0.65	0.57
21	0.54	0.68	0.77	0.83	0.83	0.81	1.41	1.19	1.08	0.94
22	0.29	0.20	0.23	0.26	0.28	0.60	0.73	0.62	0.55	0.49
23	0.39	0.75	0.76	0.65	0.69	0.29	0.72	1.89	1.80	1.67
24	0.48	0.53	0.51	0.56	0.54	0.47	1.83	2.35	2.53	1.90
51	1.62	3.38	3.13	2.83	2.35	0.65	0.22	0.31	0.39	0.21
52	3.24	5.09	4.93	4.98	4.60	0.91	0.21	0.12	0.11	0.11

数据来源：根据UN Comtrade资料计算。

（2）综合性贸易互补指数

贸易互补性反映的是一国的出口与另一国的进口的匹配程度，而且这种匹配是单向的，因此，对于中俄双边贸易互补性而言，需要从进、出口两方面同时测度。本书采用于津平（2003）提出的综合贸易互补性指数分析中俄两国农产品的互补性特征。

该指数用公式可以表示为：

$$C_{ij} = \Sigma_k \left[c_{ij} \times \left(\frac{W_k}{W} \right) \right] \tag{4-3}$$

其中 C_{ij} 表示 i 国出口对应于 j 国进口的综合贸易性互补指数。c_{ij} 表示 i 国出口对应于 j 国进口的 k 产品贸易互补性指数，即 $c_{ij} = RCA_{xik} \times RCA_{mjk}$，$RCA_{xik}$ 表示 i 国 k 产品出口比较优势；类似地，RCA_{mjk} 表示 j 国 k 产品进口比较优势。W_k 表示 k 产品世界总出口贸易额，W 表示世界全部农产品出口贸易额。由式(4-3)可知，综合贸易性互补指数取决于出口国 k 产品显性比较优势，进口国 k 产品显性比较优势，以及 k 产品在全世界农产品的出口权重。该三项参数与综合性贸易互补性指数均为正向作用，即参数值越大，C_{ij} 也就越大，表示出口国 i 与进口国 j 的农产品贸易互补性越强。根据孙致陆、李先德(2013)的研究，若综合贸易性互补系数 C_{ij} 大于1，则表示出口国 i 与进口国 j 存在较强的互补性；若小于1，则表明 i 出口国与 j 进口国的综合贸易互补性较弱。

如果中对俄综合性贸易互补性指数大于1，说明作为出口国的中国与作为进口国的俄罗斯存在较强的互补性；反之亦然，如果俄对中的综合性贸易互补性指数大于1，说明作为出口国的俄罗斯与作为进口国的中国存在较强的互补性。表4.7分别给出了中对俄、俄对中的综合性贸易互补指数计算结果。

表4.7 中俄农产品贸易的互补性

HS类别	中国出口与俄罗斯进口					俄罗斯出口与中国进口				
	2002	2008	2014	2015	2016	2002	2008	2014	2015	2016
01	0.16	0.91	0.26	0.41	0.61	0.02	0.00	0.05	0.02	0.03
02	1.08	0.56	0.27	0.22	0.13	0.01	0.01	0.10	0.16	0.37
03	0.31	0.98	1.21	0.70	0.63	1.22	0.42	4.16	5.05	4.62
04	0.12	0.17	0.12	0.14	0.18	0.17	0.15	0.55	0.31	0.34
05	1.22	1.37	1.11	1.23	1.12	0.87	0.33	0.77	0.98	1.10
06	0.05	0.16	0.34	0.33	0.63	0.00	0.00	0.00	0.01	0.01
07	0.96	2.45	3.29	2.99	2.50	0.07	0.03	0.39	0.64	0.45
08	0.49	1.57	1.46	1.50	1.43	0.09	0.04	0.06	0.08	0.05
09	1.33	0.89	0.75	1.05	1.36	0.01	0.03	0.06	0.05	0.10
10	0.25	0.02	0.03	0.03	0.04	3.10	0.55	1.04	1.60	2.06
11	0.83	0.33	0.23	0.21	0.29	0.58	0.75	1.22	1.95	1.86
12	0.28	0.40	1.33	1.46	1.77	1.32	1.28	2.48	2.78	3.43
13	0.67	2.21	2.52	4.60	4.98	0.01	0.02	0.07	0.08	0.09
14	0.93	0.43	0.25	0.37	0.52	0.19	3.49	5.82	5.29	4.09

（续表）

HS类别	中国出口与俄罗斯进口					俄罗斯出口与中国进口				
	2002	2008	2014	2015	2016	2002	2008	2014	2015	2016
15	0.13	0.12	0.07	0.09	0.09	1.48	3.76	5.31	4.60	4.61
16	1.33	1.39	1.37	0.95	1.05	0.03	0.03	0.02	0.02	0.02
17	1.07	0.71	0.56	0.76	0.71	0.74	0.16	0.29	0.33	0.30
18	0.08	0.17	0.20	0.20	0.21	0.24	0.28	0.60	0.45	0.37
19	0.21	0.30	0.41	0.34	0.31	0.15	0.37	0.85	1.05	1.02
20	1.93	2.76	2.30	2.23	2.14	0.02	0.04	0.19	0.21	0.20
21	0.64	0.71	0.79	0.79	0.88	0.26	0.27	0.48	0.55	0.58
22	0.23	0.21	0.24	0.24	0.26	0.08	0.19	0.34	0.39	0.35
23	0.24	0.53	0.46	0.46	0.48	0.36	0.45	1.70	1.94	1.38
24	0.86	0.70	0.57	0.88	0.92	0.19	0.87	2.20	2.20	1.54
51	0.33	0.28	0.22	0.26	0.20	4.10	0.87	1.44	1.88	0.88
52	1.52	1.90	1.89	2.20	3.13	3.20	0.61	0.58	0.38	0.38
C_{ij}	0.63	0.75	0.78	0.81	0.86	0.84	0.58	1.02	1.06	1.04

数据来源：根据 UN Comtrade 资料计算。

由表 4.7 可知，中国出口农产品与俄罗斯进口农产品之间的综合贸易互补性虽小于 1，但 C_{ij} 总体呈上升趋势，表明中国出口农产品同俄罗斯进口农产品之间的互补性呈逐年增长趋势。2014—2016 年三年期间，第 5、7、8、12、13、20、52 章的贸易互补性均高于 1，表明从中国出口与俄罗斯进口的配对组合看，两国这些农产品存在较强的贸易互补性，也就是说，中国这些农产品部门的出口比较优势较明显，而俄罗斯这些农产品部门的进口比较优势较明显。

俄罗斯出口农产品与中国进口农产品的综合贸易互补性指数总体呈上升趋势，特别是 2014—2016 年均大于 1，表明俄罗斯出口农产品与中国进口农产品的互补性总体较强。2014—2016 年三年期间，第03、10、11、12、14、23、24、51章的贸易互补性大于1，表明从俄罗斯出口与中国进口的配对组合看，两国在这些农产品类别上存在较强的贸易互补性，也就是说，俄罗斯在这些农产品部门的出口比较优势较明显，而中国在这些农产品部门的进口比较优势较明显。

第03、12、14章为中俄都具有较强出口比较优势的农产品（见表4.6）。其中，第12章无论从中国出口、俄罗斯进口还是俄罗斯出口、中国进口都表现出较强的贸易互补性（见表4.7），表明由于规模经济的存在，两国在第12章所包含的特定细分农产品上各自具有一定的成本优势，因而中国与俄罗斯双边贸易中同时进口第12章农产品。而第03、14章两章的贸易互补性是单向的，即只存在于俄罗斯出口与中国进口的配对组合，表明即便该两章为中俄出口农产品中具有显性比较优势的农产品，俄罗斯出口的该两章农产品在中国市场竞争力也可能比中国出口的同类农产品在俄罗斯市场的竞争力更强。中国农产品在第03、14章的比较优势是在全世界范围内总体上的比较优势，并不意味着在俄罗斯市场有较强的竞争实力，反之亦然。因而，就第03、14章而言，中俄双边农产品贸易中，中国相对俄罗斯表现为净进口，而俄罗斯该两章农产品对中国的出口则表现为净出口。

总体上，由表4.7可知，2014—2016年三年期间，无论从中国出口农产品到俄罗斯市场还是俄罗斯出口农产品到中国市场，综合贸易互补性总体保持上升趋势，并且中国市场对于俄罗斯农产品出口的重要性总体上强于俄罗斯市场对于中国农产品出口的重要性。表明在“一带一路”倡议下，两国农产品双边贸易互补性明显，合作空间增大。

3. 中俄农产品出口相似性测度

中、俄两国农产品在世界市场上的竞争激烈程度，可以采用 Glick & Rose(1999)提出的修正后产品出口相似性指标，该指标排除了两国规模经济差异对相似性测度的影响。

Glick & Rose(1999)提出的修正后产品出口相似性指标，可以测度两国农产品出口世界的竞争激烈程度，该指标消除了两国规模经济差异的影响。

$$S_{ij}^{p} = \Sigma_k \left[\frac{X_i^k w / X_{iw}^t + X_{jw}^k / X_{jw}^t}{2}\right] \times \left[1 - \frac{X_i^k w / X_{iw}^t - X_{jw}^k / X_{jw}^t}{X_i^k w / X_{iw}^t + X_{jw}^k / X_{jw}^t}\right] \tag{4-4}$$

其中，S_{ij}^{p}表示 i 国与 j 国出口世界市场的修正后产品出口相似指数。X_{iw}^{k}和 X_{iw}^{t}分别表示 i 国对世界出口 k 类农产品与全部农产品的出口额；类似地，X_{jw}^{k}和 X_{jw}^{t}分别表示 j 国对世界出口 k 类农产品与全部农产品的出口额。S_{ij}^{p}在[0,1]区间变动，当 S_{ij}^{p}为 0 时，表示两国农产品对世界出口产品完全不同，两国农产品出口在世界范围不存在竞争；当 S_{ij}^{p}为 1 时，表示两国农产品对世界出口产品完全相同，两国农产品出口在世界范围存在非常激烈的竞争。

根据式(4-4)，中俄农产品出口相似性指数 S_{ij}^{p}理论上在[0,1]区间变动，当 S_{ij}^{p}为 0 时，表示中俄两国农产品对世界出口产品完全不同，从而在世界范围不存在竞争；当 S_{ij}^{p}为 1 时，表示中俄两国农产品对世界出口产品完全相同，表明在世界范围的竞争非常激烈。

表4.8 中俄农产品出口相似性

年份	S_{ij}	年份	S_{ij}	年份	S_{ij}
2002	0.46	2007	0.30	2012	0.40
2003	0.49	2008	0.29	2013	0.40
2004	0.43	2009	0.33	2014	0.42
2005	0.39	2010	0.32	2015	0.44
2006	0.35	2011	0.33	2016	0.45

数据来源：根据UN Comtrade资料计算。

由表4.8可知，自2002年中国入世后，出口农产品结构与俄罗斯相似性不高，且S_{ij}^{p}的波动呈"U"形，2002—2008年，中俄对世界出口农产品的相似性总体呈下降趋势，2009—2016年，中俄两国出口农产品在世界市场的相似性重新上升。特别是2014—2016年这三年，中国与俄罗斯出口农产品竞争性逐年上升。但总体上，两国农产品出口相似性并没有超过0.5，即在世界范围内，两国农产品出口结构有超过一半以上是不相同的，因此，中俄两国出口农产品总体上不存在激烈竞争。

4. 中俄农产品贸易强度分析

Kojima(1964)提出用以衡量两国之间贸易联系紧密程度的贸易强度指数TII。孙致陆、李先德(2013)，赵捷(2017)等认为两国贸易联系越紧密，双边贸易潜力越大。

$$TII_{ij}^{k}=\frac{X_{ij}^{k}/X_{iw}^{k}}{M_{jw}^{k}/(M_{ww}^{k}-M_{iw}^{k})} \tag{4-5}$$

其中，TII_{ij}^{k}表示i国与j国关于k产品的贸易强度指数。X_{ij}^{k}和X_{iw}^{k}分别表示i国出口到j国及世界的k产品；X_{iw}^{k}、X_{jw}^{k}及X_{ww}^{k}分别表示i国、j国及世界k产品进口贸易额。当$TII_{ij}^{k}>1$时，表明两国k产

品贸易强度较高。

当贸易强度指数 $TII_{ij}^{k}>1$ 时，表明中国对俄罗斯在 k 产品上的贸易强度较高，[①]也就意味着中国农产品对俄罗斯的出口潜力较大。从式(4-5)可知，贸易强度分析也必须按出口国、进口国分别计算。具体详见表 4.9。

表 4.9　中俄农产品贸易强度对比

HS 类别	中国对俄罗斯农产品贸易强度					俄罗斯对中国农产品贸易强度				
	2002	2008	2014	2015	2016	2002	2008	2014	2015	2016
01	0.00	0.00	0.00	0.00	0.00	0.00	0.00	0.00	0.00	0.00
02	3.46	0.07	0.51	0.70	0.12	0.00	0.00	0.00	0.00	0.00
03	0.18	0.24	0.92	1.02	1.24	8.60	4.16	0.79	1.03	1.24
04	0.15	0.02	0.06	0.00	0.00	0.00	0.00	0.07	0.63	0.35
05	1.07	0.09	0.12	0.17	0.14	2.18	4.58	3.43	2.68	2.23
06	0.41	0.14	0.07	0.09	0.11	1.81	0.00	0.00	0.04	0.00
07	1.87	1.21	1.11	1.63	1.75	2.22	1.56	0.04	0.04	0.04
08	3.36	1.87	1.67	2.20	2.28	23.03	3.74	6.85	4.49	4.00
09	0.91	1.10	1.12	0.89	0.71	0.00	0.00	0.03	0.27	0.22
10	6.96	4.09	1.98	1.37	1.00	0.00	0.00	0.23	0.39	0.21
11	0.10	2.13	0.19	0.21	0.16	0.01	0.07	0.41	0.61	1.06
12	6.41	1.55	0.62	0.53	0.32	0.01	0.04	0.01	0.00	0.36
13	0.25	0.56	1.58	1.37	1.12	0.00	0.00	0.00	0.00	0.04
14	0.04	0.29	1.64	1.11	1.16	0.00	0.00	0.00	0.33	0.46
15	0.04	0.24	0.52	0.38	0.36	0.00	0.00	0.06	0.46	0.79
16	2.03	4.70	1.48	2.03	1.51	0.92	0.96	0.02	0.40	0.93

① 在具体分析 2014—2016 年时，如果任意两年的贸易强度指数均大于 1，且仅有 1 年的贸易强度指数大于 0.9，那么，本书也将这些农产品视同具有较高的贸易强度。

（续表）

HS 类别	中国对俄罗斯农产品贸易强度					俄罗斯对中国农产品贸易强度				
	2002	2008	2014	2015	2016	2002	2008	2014	2015	2016
17	0.21	0.69	1.80	1.44	1.16	0.00	0.00	0.12	0.57	1.27
18	2.07	0.35	0.66	0.11	0.37	0.00	0.01	0.34	2.76	7.81
19	1.62	0.67	0.55	0.61	0.92	0.00	0.01	0.02	0.21	0.40
20	1.40	1.91	2.06	2.21	2.04	0.48	0.03	0.08	0.30	0.48
21	0.45	1.10	1.37	1.31	0.97	0.00	0.01	0.13	0.15	0.38
22	0.02	0.25	0.17	0.12	0.09	2.42	0.36	0.39	0.85	1.01
23	0.04	0.22	0.99	1.27	1.17	0.71	0.00	0.93	1.11	0.85
24	1.56	0.35	0.26	0.17	0.18	0.00	0.00	0.48	0.35	0.45
51	0.26	3.02	4.91	3.38	3.12	0.42	0.74	0.36	1.19	0.61
52	0.47	0.79	0.79	0.61	0.44	0.00	0.00	0.00	0.01	0.00

数据来源：根据 UN Comtrade 资料计算。

由表 4.9 可知，2014—2016 年，中国在第 03、07、08、10、13、14、16、17、20、21、23 和 51 章等类别上对俄罗斯出口水平要高于同期俄罗斯从世界进口所占份额，表明中国在这些类别的农产品出口同俄罗斯具有较高的贸易强度。俄罗斯在第 05、08 章等类别上对中国的出口水平要高于同期中国从世界进口所占份额，表明俄罗斯在这些类别的农产品同中国具有较高的贸易强度。中国与俄罗斯两国各自出口的农产品集中，仅第 08 章为两国相对于对方均具有较高贸易强度，即第 08 章(食用水果)是中俄两国双边贸易中存在紧密的双向贸易关系的农产品。这表明，从 2014—2016 年贸易强度对比分析可知，中国出口农产品较多类别与俄罗斯保持较紧密贸易关系；而俄罗斯并不存在如此多的类别的农产品同中国维持较紧密的贸易关系，因而，如果在现实贸易中充分发挥两国农产品贸易潜能，那么两国农产品双边贸易，特别是中国农产品对俄罗斯出口可以有更大的增长，从而进一步稳固中国在中俄两国农产品贸易中的主导地位。当然，如果中俄农产品各自比较优势发生变化，贸易强度指数也会随之改变。

本章小结

贸易潜力是判断两国有没有贸易可能性的前提，在分析中俄农产品国际贸易时，最成熟的模型非引力模型莫属，而其他综合性贸易互补指数、产品出口相似性指数等分析工具也非常有效。本章运用扩展引力模型、综合性贸易互补指数、产品出口相似性指数、贸易强度指数等工具研究了总量层面的贸易潜力与具体类别层面的贸易潜力。研究结果表明，在“一带一路”区域内，中国农产品出口俄罗斯具有一定的贸易潜力有待挖掘，就具体出口农产品类别而言，中俄农产品竞争性低、互补性高，在较多类别上，两国农产品贸易关系紧密，具有进一步发展的空间。如果发展潜力最终变为实际的贸易增长，那么它将沿何种路径实现？本书将在第5章予以进一步研究。

第5章　中国农产品对俄罗斯出口增长的倾向性研究

本章研究中国农产品对俄罗斯出口增长的倾向性，根据H-O模型，要素禀赋供给的变动会导致生产可能性的偏向性效应，该偏向性效应又称雷布津斯基定理。[①]（Rybczynski，1955）雷布津斯基效应的本质是要素价格最终将表现为产品比较优势，而出口倾向性也可能由企业异质性所导致，其本质同样是比较优势的一种表现形式。[②]因此，本章首先阐述出口增长倾向性与比较优势的关系，然后逐次展开中国农产品对俄罗斯出口增长倾向性有关问题的实证分解与讨论。

① 雷布津斯基定理是指在商品相对价格不变的前提下，某一要素的增加会导致密集使用该要素部门的生产增加，而另一部门的生产则下降。H-O模型建立在一国拥有的要素总量固定不变的基础上。

② 相关讨论见第2章有关部分。

5.1 出口增长倾向性的含义

关于出口增长，很多文献仅限于出口额或数量的增长。对农产品出口而言，出口的增长动力主要来自农产品的比较优势。比较优势一方面会促进农产品出口的增长，另一方面，也存在“比较优势陷阱”风险，[①]比较优势陷阱下的增长可能导致所谓“贫困式增长”(Bhagwati，1958)，即一国对外出口的增长不但没有带来福利的改善，反而会有所恶化，因而，有必要考虑有“质量”的出口增长及其表现形式。

林毅夫(2003)认为只有充分发挥经济的比较优势，企业和产业的竞争优势才有可能形成。他进一步指出，比较优势是竞争优势的基础与必要条件。如果一个产业的产品出口实现稳定的长期增长，那么，至少该产业在国际上是有竞争力的，而这种竞争力的源泉，恰恰就来源于该产业自身具有的比较优势。许为(2016)实证研究了中国农产品比较优势的动态演化，他认为中国农产品比较优势总体处于明显的下降趋势，且比较优势大多集中于低技术含量、中低等质量产品。根据雷布津斯基效应，中国农产品总体上应当以出口低技术含量产品为主。

基于比较优势，一国无法做到在所有产业、所有时间均具有国际

① 比较优势陷阱风险是指在获得技术与资本比较优势之前就失去了劳动密集产品的比较优势，从而导致出口增长不可持续的风险。参见蔡昉：《“中等收入陷阱”的理论、经验与针对性》，载《经济学动态》2011年第12期。

竞争力，即便绝对成本可能保持优势，但由于机会成本的存在，一国出口仍然会遵循比较优势原理。一国在比较优势前提下，总是倾向于出口其具有比较优势的产品，其出口的增长总是与比较优势的动态变化密切相关。从这个意义上说，出口增长是有某种倾向性的。本书定义出口增长的倾向性是指：在一定的时期内，出口增长将依据特定时期的比较优势，动态地调整出口增长路径，具体而言，这种倾向性可以表现为两个维度：(1) 贸易流量，即出口增长数量变化；(2) 技术含量，即出口产品技术含量的变化，在本书中，技术含量往往也称为出口贸易“质量”。

进一步对出口倾向性进行分解，可以得到四种排列组合：(1) 相对低技术含量出口品种扩展引起的增长；(2) 相对低技术含量出口品种不变而出口规模扩大所引起的增长；(3) 相对高技术含量出口品种扩展引起的增长；(4) 相对高技术含量出口品种不变而出口规模扩大所引起的增长。实际上，这四种倾向性并不是孤立存在，而是相互交错影响，构成一个完整的出口增长倾向性矩阵。而构成出口增长倾向性矩阵的主要依据就是企业、产业中所存在的比较优势及其动态变化。任何违背比较优势而试图扩大出口的政策都会使市场形成扭曲，而无法实现长期、稳定的增长。因此，结合有关文献，如果出口增长具有倾向性，那么，这种倾向性必定是基于比较优势的理性选择。

5.1.1　流量增长倾向性的含义

出口贸易流量增长的倾向性测度，可以从出口二元边际角度出发，综合分析扩展边际与集约边际的变化。因此，本书将贸易流量增长的倾向性分析建立在对贸易流量的出口二元边际分析基础之上，即从贸易流量角度看，出口是沿扩展边际的方向增长还是集约边际的方向增长，抑或两者兼而有之。

长期以来，学者们在研究出口贸易流量增长时，往往聚焦于现有产品的出口流量的扩张。国际贸易理论界较早提出贸易增长边际概念的是 Armington (1969)，他基于比较优势思想，研究了国家间出口的差异，提出集约边际的概念。之后，Krugman(1980)对垄断竞争条件下的出口增长分析进一步验证了产品种类增加同样有助于出口贸易增长的观点，这种增长被称为扩展边际方向的增长。

Hummels & Klenow(2005)进一步发展了出口增长的边际分析工具。具体做法上，Hummels & Klenow(2005)将出口分解成两部分：(1) 已进入国际市场产品的出口额增加；(2) 新进入国际市场产品的出口额增加，前者称为集约边际，后者称为扩展边际，并同时强调这两种出口增长方式的重要性。

本书在研究分析出口流量增长的倾向性时，主要采用 Hummels & Klenow(2005)所提出的方法，经过众多学者基于不同细分产业的实证研究检验，该方法已成为分析出口二元边际的主流方法。为了从微观层面分析增长倾向性，本书将对每一章(HS2 分位)水平上计算扩展边际和集约边际，以和按章计算的出口增长“质量”增长倾向性对应。

分析研究各章层面上出口贸易流量增长的倾向性，有助于深入理解出口流量增长的内在原因，特别是 Melitz(2003)等提出企业异质性贸易模型后，企业能否实现出口取决于其生产效率所引致的比较优势，让国内更多的品种进入国际市场成为扩大出口贸易的重要途径。

必须指出，一些文献基于贸易关系的新建、维持和消亡的“贸易生命周期”定义了贸易增长的三个边际，即扩展边际、集约边际和消失边际。[①] 在本书研究中，这种边际分类无法与技术含量分析有效结合构造倾向性增长矩阵。但从贸易生命周期的角度看，采用基于贸易生命周期的边际指标分析两个不同时段出口产品的变化，有利于从横截面进行对比分析，可以总体上把握贸易流量在一段时期的“倾向性”，即与基期对比，经过一段时间的发展，哪些新的贸易关系建立了，哪些原有贸易关系依然存在，哪些贸易关系已经终止。因而，在本书研究中，将基于贸易关系生命周期的边际分析作为贸易流量增长倾向性的一种“辅助性”工具，而主要的分析工具则是 Hummels & Klenow(2005)所提出的出口二元边际，并据此构建出口增长倾向性矩阵。

5.1.2 “质量”增长倾向性的含义

比较优势下的“理性选择”逻辑导致一国出口农产品的技术含量各有不同，而且随着一国比较优势的动态演化，出口农产品的技术含量也将随之变化。从产品技术含量的角度看，出口贸易品的生产不但要采用不同的生产要素组合，而且要采用不同的技术。(樊纲等，2006)不同的国家，因其要素价格不同以及生产技术存在差异，产品内在的技术含量(也称为技术附加值)也会不同。通常假定，“技术附加值越高的产品，越可能来自于高收入国家”，基于该假设，将产品的

---

① 这里的“边际”指根据贸易生命周期计算的边际。如无特别指明，本书其他“二元边际”“出口二元边际”均按 Hummels & Klenow 提出的公式。

技术附加值用出口国人均GDP的加权平均数(以出口国该产品世界市场份额作为权重)来表示,那么技术附加值高的产品代表高技术含量产品,反之为低技术含量产品。(樊纲等,2006)

文献表明,目前对技术附加值的理解业已达成基本共识,即基于要素禀赋的比较优势原理,高收入经济体通常假定具有更有效率的生产函数,因而其产品包含更高的技术附加值。但Rodrik(2006)针对中国的出口产品技术含量的实证结果提出了所谓"Rodrik悖论",即1992—2003年中国出口技术结构明显超越了自身经济发展水平,接近比中国人均收入高三倍的国家。但并不是所有的实证都支持这一判断,国内樊纲(2006)的类似研究否定了"Rodrik悖论",他认为,中国进口相对较高技术产品、出口相对较低技术产品的贸易格局并没有发生根本性变化。

可见,对出口贸易"质量"增长的倾向性变化的分析,并没有得出明确结论,而需要结合特定产业进行。这是因为,特定产业(比如本书研究的中国农产品)的要素价格不同,比较优势也不同,因而其出口"质量"增长的倾向性也可能不同。

5.2 中国输俄农产品流量的倾向性分析

5.2.1 基于"出口贸易生命周期"的边际分析

俄罗斯是"一带一路"沿线主要国家之一,本书将中国农产品出口俄罗斯的"出口贸易生命周期"及其边际放在"一带一路"沿线主要国家这个区域加以对比分析。

以 2002 年为基准，表 5.1 列示了 2003 年和 2016 年中国对俄罗斯，以及其他“一带一路”沿线主要国家农产品出口的集约边际、扩展边际和消失边际。①

表 5.1　2003 年和 2016 年中国农产品出口“一带一路”沿线主要国家的三类边际值

国家	出口增量		集约边际		扩展边际		消失边际	
	2003	2016	2003	2016	2003	2016	2003	2016
印尼	946.49	112377.93	0.81	1.14	0.34	0.09	0.15	0.23
俄罗斯	11067.57	84694.33	0.85	1.10	0.17	0.13	0.01	0.24
新加坡	336.55	36528.27	−5.17	1.08	6.74	0.08	0.57	0.16
阿联酋	1819.86	34691.75	0.90	0.89	0.27	0.18	0.17	0.07
印度	−1031.13	28145.12	−1.41	1.02	0.44	0.17	0.03	0.19
缅甸	−247.27	27844.28	−1.49	0.79	0.75	0.23	0.26	0.03
巴基斯坦	−1291.89	19972.62	−1.03	0.90	0.07	0.15	0.04	0.06
哈萨克斯坦	561.26	16989.95	0.85	0.72	0.23	0.36	0.08	0.08
蒙古	−59.66	7325.43	−2.19	0.63	2.06	0.42	0.87	0.04
老挝	67.22	898.13	0.66	0.00	0.42	1.04	0.08	0.03

数据来源：根据 UN Comtrade 资料计算。

具体而言，我们有各边际的计算公式如下：

$$\Delta x = \Sigma_{k_0 \cap k_1} \Delta x + \Sigma_{k_1 / k_0} x_k - \Sigma_{k_0 / k_1} x_k \tag{5-1}$$

式(5-1)的优点是简单，易于计算，易于理解。但不足之处在于，选择不同的基准时间点，计算的“扩展边际”“集约边际”与“消失边际”结果各不相同，没有可比性。因此，在本书研究中，将其作为对出

① 这里的扩展边际指相对基期，新的贸易关系的建立，集约边际是原有贸易关系的维持，消失边际指原有贸易关系的解除，退出市场。

口流量增长分析的辅助性手段。

根据本书研究目的，具体运用式(5-1)计算时，公式等号左边 Δx 表示 k_1 期相对 k_0 期农产品出口贸易增量，等号右边第一项表示 k_1 期相对 k_0 期农产品出口贸易增长的集约边际，第二项表示 k_1 期相对 k_0 期农产品出口贸易增长的扩展边际，第三项表示 k_1 期相对 k_0 期农产品出口贸易增长的“消失”边际。根据式(5-1)计算的 2003 年与 2016 年两年集约边际、扩展边际和消失边际详见下表。[①]

根据式(5-1)，引起贸易流量增加(减少)的原因主要表现为集约边际、扩展边际与消失边际三个因素的共同作用。具体可分为两种情况：第一种情况，如果集约边际与扩展边际之和大于消失边际，表明通过新市场的开拓与原有市场的深化引起的出口贸易增长大于贸易关系的消失所引起的出口贸易减少，总的出口贸易额就表现为净增长；第二种情况，如果集约边际与扩展边际之和小于消失边际，表明通过新市场的开拓与原有市场的深化引起的出口贸易增长小于贸易关系的消失所引起的出口贸易减少，总的出口贸易额就表现为净减少。

以 2002 年为基准，根据出口增量正负性分别加以讨论。(1) 出口增量为负的有印度、缅甸、巴基斯坦和蒙古四国。由表 5.1 可知，2003 年中国农产品对印度、缅甸、巴基斯坦和蒙古四国出口下降的原因符合第一种情况，下降的主要原因均为原有贸易关系下的出口额下降较大，即虽然中国农产品出口品种未变，但出口贸易额下降了，表明新品种市场扩展导致的出口增长并不能弥补集约边际下降

① 具体计算时，采用相对比率，即公式(5-1)两边除以 Δx 的绝对值。如果出口增长，则集约边际加扩展边际减消失边际等于 1，反之为 −1。

造成的出口下降。(2)出口增量为正的有新加坡、印尼、俄罗斯、阿联酋、哈萨克斯坦以及老挝六国。由表5.1可知,2003年中国农产品对新加坡、印尼、俄罗斯、阿联酋、哈萨克斯坦以及老挝六国出口增加的原因符合第二种情况,除新加坡外,其余五国增长的主要原因是,无论原有贸易关系下的集约边际还是新建贸易关系下的扩展边际都促进了出口额的增长,且消失边际导致的出口额下降较小,因而总的出口贸易表现为净增长,其中除新加坡外,其余五国集约边际明显高于扩展边际和消失边际,表明2003年中国对这五国农产品贸易增长主要归因于入世前既有贸易关系的维系与增强。相对特殊的是新加坡,新加坡的集约边际为−5.17,但同时扩展边际高达7.74,两者之和为1.57,仍高于消失边际0.57,表明在入世的第二年,中国农产品对新加坡出口的产品种类发生了较大变化,这可能是由于入世后中国农产品对新加坡出口外部环境发生了重大变化,原有出口产品在入世后失去比较优势,而另一些产品在新加坡获得了新的市场机会所致,新的市场机会所带来的出口增长抵消了原有贸易关系萎缩及贸易关系中止所导致的出口下降。

相比2003年,2016年中国农产品对"一带一路沿线主要国家"的出口贸易均保持正增长,保持正增长的主要原因符合第一种情况。对比三项边际计算结果,除老挝外,中国农产品对其余九国出口增长主要依靠集约边际的增长。2016年对老挝的出口增长主要来自于扩展边际,表明中国农产品对老挝的出口增长获得了新的市场机会,可能存在一定的贸易潜力尚待挖掘。

对比2003年和2016年的三项边际指标,由表5.1可以发现,中国农产品对"一带一路"沿线主要国家出口增长的主要动力依然来自于集约边际。[①] 尽管 2003 年对新加坡农产品出口的增长来自于新的贸易关系的建立，且当年集约边际为负，但从 2003—2016 年一个较长时段来看，决定中国农产品对“一带一路”沿线主要国家出口增长仍然可以归因于比较优势所引致的集约边际，也即原有贸易关系的持续深化。

2002—2016 年，中国农产品对俄罗斯出口额增长近三倍，15 年来增长的主要引擎仍来自于原有贸易关系的深化。与“一带一路”沿线其他主要国家相比，以 2002 年为基数，2016 年，中国农产品对俄罗斯的出口品种有所下降，2003 年反映新的贸易关系建立的扩展边际为 0.17，而 2016 年降至 0.13，累计下降 23.53%；而反映原有贸易关系维持的集约边际从 2003 年的 0.85 上升到 2016 年的 1.10，累计上升 29.4%。这表明，与其他“一带一路”沿线国家情况类似，基于“贸易生命周期”的边际分析，中国农产品对俄罗斯出口增长主要靠原有贸易关系的深化，这也表明，如果中国农产品在俄罗斯市场的比较优势没有进一步提高，新的贸易关系就难以建立，新的农产品类别可能就难以进入俄罗斯市场。

基于“出口贸易生命周期”的出口增长，“边际”首先需要确定一个基期，以便确定计算年度与基期的出口贸易增量，并将此增量分解为集约边际、扩展边际与消失边际。通过相关分析得到了一个重要结论：自 2002 年中国入世以来，在一个相对较长的时间段，中国农产品对“一带一路”沿线主要国家出口的绝对增长主要沿着既有贸易关

① 无论是 2003 年还是 2016 年，集约边际的绝对值都高于扩展边际，表明同等条件下，集约边际对出口的影响大于扩展边际，因此，从这个意义上说，中国农产品对“一带一路”沿线主要国家出口主要受原有贸易关系变动影响。

系的巩固与深化而得到,但绝对增长并不意味着市场份额也会相应增长,反而有可能变小。[①] 这一结论有助于进一步理解中国农产品对俄罗斯出口增长的内在逻辑。

5.2.2 出口二元边际分解

与基于贸易生命关系周期所进行的边际分析不同,Hummels & Klenow(2005)所构造的二元边际计算公式基于各年贸易流量(见式(5-2)和(5-3)),即根据 Hummels & Klenow(2005)方法计算的出口二元边际是对当年出口贸易流量的分解,因而不需要确定基期,但需要一个“参考国”作对比,一般而言,采用“世界”作为参考国来计算出口二元边际。

Hummels & Klenow(2005)认为出口边际可以从产品、地域及企业三个角度定义,并将出口分解为两部分:已有产品出口种类的增加和新产品的增加,同时强调了这两种方式的重要性,他们将前者称为集约边际,后者称为扩展边际。他们提出的概念和计算方法成为分析出口二元边际的主流方法之一。

Hummels & Klenow(2005)给出了一个出口二元边际的计算公式:

$$\mathrm{EM}_{ck}=\frac{\sum_{j\in I_{ck}}P_{rkj}X_{rkj}}{\sum_{j\in I}P_{rkj}X_{rkj}} \qquad (5\text{-}2)$$

式(5-2)计算扩展边际 EM_{ck}。其中,k 表示产品进口国,c 表示产

① 如果一国对特定国家出口绝对额增长,但相对于世界对该特定国家总出口而言,市场份额有可能不增反降,在这种情况下,绝对额的增长并不能掩盖市场份额下降所导致的出口“明增暗降”的事实。市场份额的增长是比较优势的真正体现,在这个意义上,基于 Hummels & Klenow(2005)方法的边际分析要优于基于贸易关系生命周期的边际分析。

品出口国，r 表示参考国（一般选取世界作为参考整体以保证某国出口的产品是参考国出口产品的子集），j 表示进口产品系列，I_{ck}、I 分别表示出口国 c、世界出口至进口国 k 的产品集合，$I_{ck} \in I$，p、x 分别代表单件产品的价格和数量。

扩展边际表示的是产品出口国 c 和全世界对 k 国的出口中重合的产品贸易值的比重，该比重具体是指世界所有国家对 k 国基于以 c 国出口到 k 国的所有农产品为标准的出口额占总的出口额的比重。该指标值越大，说明 c 国出口到进口市场的产品与世界出口到进口国市场的产品重叠的种类越多，c 国出口的产品越多样化。

$$\mathrm{IM}_{ck} = \frac{\Sigma_{j \in I_{CK}} P_{ckj} X_{ckj}}{\Sigma_{j \in I_{CK}} P_{rkj} X_{rkj}} \tag{5-3}$$

式(5-3)计算集约边际 IM_{ck}。集约边际是指在相同的产品出口序列中，c 国对 k 国的产品出口额占世界所有国家对 k 国产品（以 c 国出口到 k 国的所有产品种类为标准）出口额的比重。该指标值越大，说明在与世界出口相同的产品序列上，c 国出口了更多的相同产品到 k 国，也就意味着 c 国出口的产品贸易量越大。

由式(5-2)和(5-3)可知，Hummels & Klenow(2005)提出的出口二元边际计算公式不需要确定基准时间点，而且各年出口贸易流量的二元边际变化可以逐年进行比较。自企业异质性假设为理论界广泛接受以来，文献大多采用 Hummels & Klenow(2005)提出的出口二元边际指标计算方法。

因此，两种方法对边际的定义与分析不具有可比性。分析贸易流量相对增长（即市场份额变化）的出口二元边际（Hummels & Klenow，2005）比分析贸易流量的绝对增长的出口边际（根据式 5-4）更符合比较优势的内在逻辑，因而，本书后续部分用于分析中国农产品对俄罗斯出口流量倾向性的有关二元边际指标均采用 Hummels & Klenow(2005)所构建的计算方法。

根据式(5-2)和(5-3)，扩展边际反映一国农产品针对特定国家出口品种与世界农产品对该特定国家出口品种的重叠程度，而集约边际则反映一国与世界对比，相同出口品种贸易额的增长变化，最终考察的是一国对特定国家出口占世界对特定国家总出口的市场份额的增长变化，显然，这是一种相对增长。可见，与根据贸易关系生命周期所定义的"边际"概念不同，根据 Hummels & Klenow(2005)方法计算的边际指标，实际上是以计算当年为"基期"的边际分解结果，用于分析一国对特定国家出口流量与世界对比的相对增长变化。图5.1给出了2002—2016年中国农产品对俄罗斯的出口二元边际变化趋势。

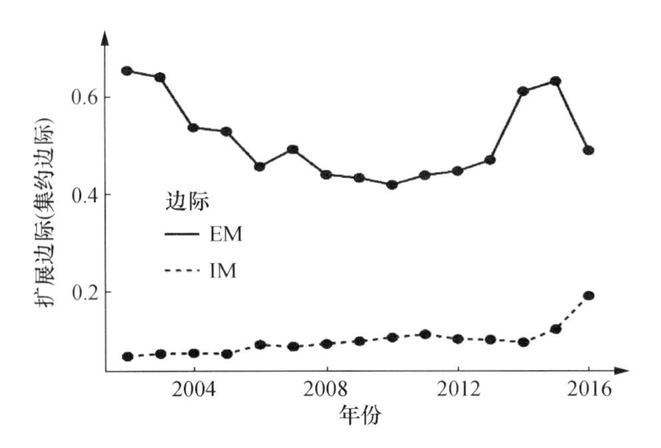

图5.1 2002—2016年中国农产品出口俄罗斯二元边际分析

与基于贸易关系的绝对增长边际分析相反,①从出口流量相对市场份额的角度看,2002—2016 年,中国农产品对俄罗斯的出口流量增长总体上主要沿扩展边际,但集约边际对出口流量增长的作用在增强。其中,2002—2012 年,中国农产品对俄罗斯出口的扩展边际总体为下降趋势,而集约边际则呈上涨趋势,但扩展边际下降的速度快于集约边际上涨的速度,表明在 2002—2012 年,出口流量增长来自于新品种、新市场的份额的不断降低,而来自于原有贸易关系增强与深化的份额在不断增加;自 2012 年俄罗斯加入世界贸易组织后,中国农产品新的出口品种大量进入俄罗斯市场,扩展边际迅速上升,在 2015 年达到峰值 0.63 后,于 2016 年迅速回落至 0.49。与此同时,集约边际增长速度加快,特别是 2014—2016 三年,集约边际变动的斜率明显高于过去以往年份,表明中国农产品在俄罗斯市场的既有地位得到了进一步巩固。

5.2.3 输俄农产品的流量增长倾向性测度

1. 各章扩展边际变化分析

为了构建出口流量增长倾向性矩阵,有必要根据 Hummels & Klenow(2005)的方法对各章农产品出口作二元边际分解,以便从更微观的层面研究中国农产品出口俄罗斯贸易流量的倾向性特征。

① 如前所述,基于贸易流量的绝对增长的边际分析与基于贸易流量的市场份额增长的边际分析实际上不存在可比性,此处仅仅为了进一步体现不同前提下边际分析的结论可能并不相同,甚至会造成对立。

表 5.2 2002—2016 年中国农产品出口俄罗斯各章扩展边际

年份	01 章	02 章	03 章	04 章	05 章	06 章	07 章	08 章	09 章	10 章	11 章	12 章	13 章
2002	0.000	0.822	0.438	0.051	0.784	0.943	0.940	0.882	0.861	0.732	0.925	0.709	0.726
2003	0.000	0.780	0.516	0.035	0.931	0.935	0.921	0.875	0.866	0.566	0.920	0.631	0.870
2004	0.000	0.800	0.503	0.001	0.740	0.917	0.960	0.869	0.846	0.363	0.190	0.812	0.506
2005	0.000	0.461	0.573	0.024	0.017	0.916	0.927	0.872	0.779	0.670	0.181	0.788	0.383
2006	0.000	0.223	0.557	0.001	0.691	0.888	0.944	0.890	0.846	0.410	0.448	0.665	0.558
2007	0.000	0.239	0.345	0.176	0.196	0.524	0.978	0.882	0.875	0.551	0.739	0.657	0.536
2008	0.000	0.001	0.342	0.035	0.168	0.612	0.958	0.912	0.983	0.338	0.267	0.722	0.530
2009	0.000	0.003	0.348	0.003	0.197	0.691	0.967	0.923	0.845	0.577	0.330	0.497	0.762
2010	0.000	0.001	0.355	0.004	0.199	0.659	0.945	0.926	0.664	0.489	0.354	0.921	0.799
2011	0.000	0.000	0.350	0.045	0.200	0.764	0.922	0.926	0.559	0.843	0.362	0.948	0.819
2012	0.000	0.003	0.191	0.002	0.248	0.740	0.923	0.787	0.831	0.377	0.713	0.828	0.367
2013	0.000	0.002	0.225	0.001	0.250	0.698	0.972	0.868	0.816	0.380	0.557	0.736	0.887
2014	0.000	0.619	0.450	0.168	0.198	0.625	0.992	0.891	0.798	0.354	0.311	0.795	0.878
2015	0.000	0.606	0.421	0.000	0.180	0.716	0.989	0.915	0.784	0.375	0.732	0.826	0.886
2016	0.000	0.002	0.650	0.000	0.135	0.655	0.973	0.928	0.802	0.295	0.226	0.735	0.870

（续表）

年份	14章	15章	16章	17章	18章	19章	20章	21章	22章	23章	24章	51章	52章
2002	0.420	0.016	0.434	0.852	0.076	0.627	0.606	0.554	0.577	0.828	0.985	0.749	0.317
2003	0.308	0.016	0.714	0.997	0.082	0.658	0.617	0.590	0.601	0.485	0.807	0.729	0.422
2004	0.350	0.147	0.554	0.365	0.145	0.659	0.545	0.645	0.120	0.556	0.810	0.738	0.324
2005	0.127	0.384	0.533	0.307	0.517	0.606	0.779	0.653	0.533	0.486	0.778	0.776	0.382
2006	0.481	0.185	0.702	0.213	0.616	0.491	0.726	0.691	0.236	0.690	0.682	0.890	0.501
2007	0.892	0.165	0.786	0.303	0.753	0.617	0.688	0.657	0.428	0.772	0.611	0.923	0.555
2008	0.950	0.328	0.721	0.255	0.735	0.646	0.768	0.698	0.507	0.738	0.774	0.963	0.603
2009	0.964	0.221	0.611	0.294	0.591	0.657	0.714	0.679	0.203	0.733	0.936	0.952	0.541
2010	0.881	0.135	0.457	0.239	0.653	0.612	0.763	0.722	0.166	0.737	0.788	0.927	0.678
2011	1.000	0.131	0.440	0.211	0.682	0.681	0.816	0.725	0.172	0.729	0.762	0.890	0.764
2012	0.938	0.164	0.219	0.923	0.730	0.689	0.847	0.752	0.413	0.917	0.701	0.891	0.808
2013	0.990	0.210	0.237	0.954	0.673	0.709	0.845	0.775	0.375	0.899	0.714	0.821	0.818
2014	1.000	0.202	0.676	0.964	0.499	0.725	0.802	0.769	0.237	0.815	0.712	0.887	0.822
2015	1.000	0.178	0.474	0.965	0.644	0.679	0.695	0.699	0.565	0.799	0.701	0.888	0.815
2016	0.992	0.216	0.717	0.973	0.582	0.744	0.723	0.638	0.246	0.892	0.659	0.872	0.808

数据来源：根据UN Comtrade资料计算。

表 5.2 列出了 2002—2016 年中国农产品出口俄罗斯各章的扩展边际。其中，第 01 章没有出口，故全部为零。其他各章，每年均有一定的变化。借助均值和标准差两个统计指标，可以得到图 5.2 和图 5.3。

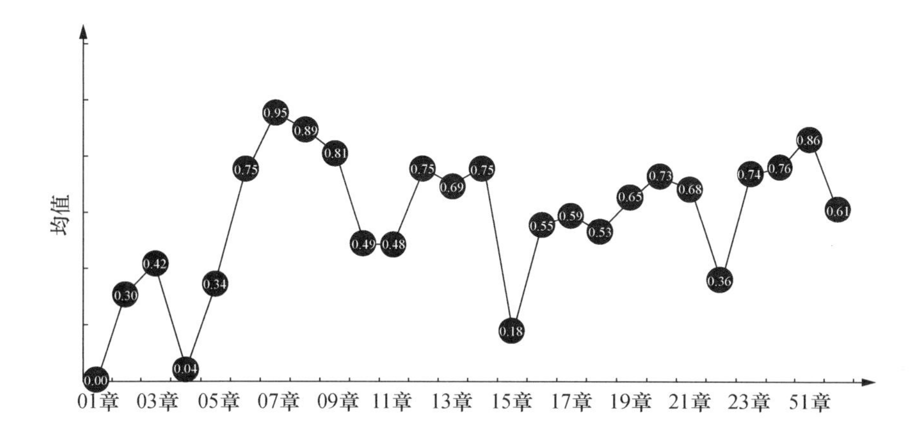

图 5.2　2002—2016 年中国农产品出口俄罗斯各章扩展边际均值

数据来源：根据 UN Comtrade 资料计算。

图 5.2 和图 5.3 反映了各章扩展边际均值与标准差的变化情况，①其中均值最高的是第 07 章，对应的标准差最低，说明第 07 章的扩展边际十分稳定，中国农产品在第 07 章范围内，与世界出口俄罗斯农产品种类高度重叠，具有较强竞争潜力。扩展边际最低的为第 04 章，仅 0.04，对应的标准差为 0.06，说明第 04 章很少有细分品种出口到俄罗斯市场，并且在 2002—2016 年基本保持弱势竞争态势。

扩展边际均值大于等于 0.5 的有 06、07、08、09、12、13、14、16、17、18、19、20、21、23、24 和 51、52 章，共计 17 章，小于 0.5 的有 02、03、04、05、10、11、15 和 22 章，共计八章。扩展边际标准差小于 0.05

① 第 01 章出口额为 0，作为例外不予讨论。

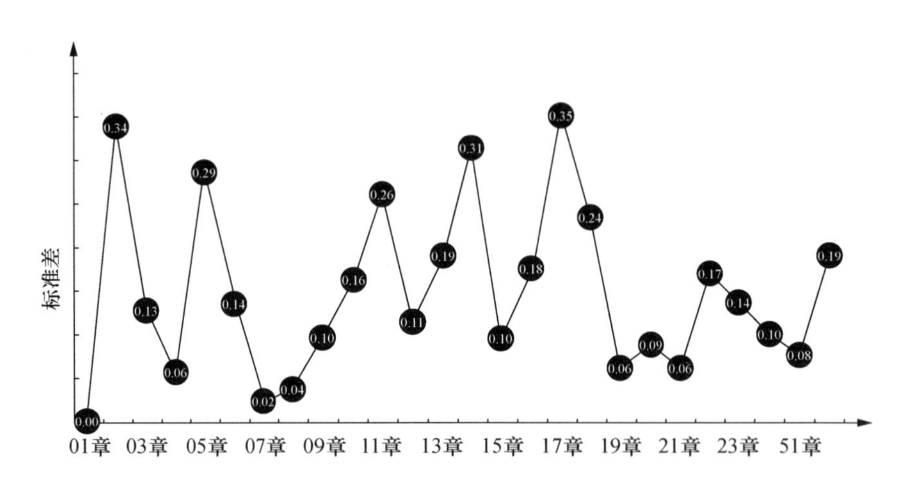

图 5.3 2002—2016 年中国农产品出口俄罗斯各章扩展边际标准差

数据来源：根据 UN Comtrade 资料计算。

的有 07、08 两章，表明中国这两章农产品对俄罗斯出口的细分产品同世界对俄罗斯出口的细分产品重叠性比较稳定，波动性较小，且该两章农产品扩展边际分别为 0.75、0.95，与世界对俄罗斯出口的重叠性较高，因此，这两章农产品具有较强的比较优势。

综合分析各章的扩展边际均值与标准差变化趋势，2002—2016 年，中国农产品出口俄罗斯品种与世界出口俄罗斯农产品品种有较多重叠，在除第 01 章外的 25 章农产品类别中，有 17 章的扩展边际值大于 0.5，但扩展边际波动比较大，体现出中国农产品对俄罗斯出口贸易流量扩展边际倾向性不够稳定。

2. 各章集约边际变化分析

表 5.3 列出了 2002—2016 年中国农产品出口俄罗斯各章的集约边际。从数值上看，集约边际远小于扩展边际，表明在细分农产品微观层面，中国农产品对俄罗斯出口的市场份额增长更多地依赖扩展边际。

表 5.3 2002—2016 年中国农产品出口俄罗斯各章集约边际

年份	01 章	02 章	03 章	04 章	05 章	06 章	07 章	08 章	09 章	10 章	11 章	12 章	13 章
2002	0.000	0.066	0.019	0.014	0.118	0.001	0.141	0.060	0.047	0.370	0.002	0.441	0.010
2003	0.000	0.063	0.018	0.040	0.171	0.002	0.162	0.059	0.051	0.477	0.035	0.603	0.025
2004	0.000	0.047	0.053	0.094	0.108	0.004	0.146	0.055	0.050	0.206	0.111	0.359	0.035
2005	0.000	0.036	0.068	0.002	0.227	0.003	0.162	0.060	0.064	0.244	0.147	0.377	0.102
2006	0.000	0.017	0.097	0.010	0.008	0.002	0.141	0.059	0.063	0.334	0.096	0.231	0.070
2007	0.000	0.006	0.038	0.003	0.036	0.002	0.117	0.073	0.066	0.038	0.119	0.163	0.074
2008	0.000	0.648	0.038	0.003	0.035	0.002	0.106	0.068	0.049	0.083	0.233	0.139	0.073
2009	0.000	0.918	0.150	0.116	0.039	0.002	0.138	0.074	0.062	0.120	0.045	0.147	0.091
2010	0.000	0.840	0.186	0.061	0.084	0.003	0.137	0.065	0.083	0.092	0.058	0.059	0.124
2011	0.000	0.000	0.189	0.011	0.110	0.003	0.132	0.058	0.097	0.043	0.068	0.068	0.138
2012	0.000	0.532	0.463	0.075	0.087	0.002	0.125	0.085	0.062	0.036	0.054	0.053	0.342
2013	0.000	0.302	0.487	0.139	0.079	0.002	0.108	0.089	0.059	0.037	0.023	0.062	0.158
2014	0.000	0.008	0.412	0.002	0.133	0.003	0.141	0.106	0.059	0.045	0.023	0.097	0.268
2015	0.000	0.012	0.623	0.109	0.184	0.003	0.225	0.155	0.062	0.024	0.011	0.087	0.347
2016	0.000	0.474	0.656	0.021	0.238	0.006	0.379	0.225	0.083	0.045	0.044	0.087	0.360

（续表）

年份	14章	15章	16章	17章	18章	19章	20章	21章	22章	23章	24章	51章	52章
2002	0.048	0.014	0.374	0.003	0.056	0.031	0.164	0.018	0.001	0.001	0.048	0.014	0.364
2003	0.119	0.026	0.250	0.002	0.056	0.038	0.166	0.029	0.000	0.000	0.050	0.052	0.337
2004	0.057	0.004	0.321	0.008	0.014	0.049	0.208	0.026	0.002	0.001	0.031	0.093	0.333
2005	0.080	0.002	0.390	0.009	0.002	0.057	0.163	0.026	0.002	0.001	0.017	0.078	0.329
2006	0.022	0.007	0.368	0.017	0.004	0.070	0.217	0.031	0.007	0.000	0.023	0.133	0.530
2007	0.118	0.008	0.468	0.027	0.004	0.043	0.268	0.035	0.005	0.004	0.020	0.132	0.383
2008	0.095	0.007	0.501	0.043	0.004	0.023	0.255	0.037	0.005	0.012	0.016	0.136	0.363
2009	0.212	0.013	0.410	0.047	0.004	0.014	0.289	0.034	0.015	0.010	0.021	0.205	0.340
2010	0.065	0.021	0.669	0.059	0.007	0.044	0.279	0.039	0.020	0.031	0.029	0.191	0.406
2011	0.095	0.033	0.688	0.082	0.003	0.138	0.302	0.047	0.018	0.036	0.039	0.252	0.411
2012	0.266	0.044	0.588	0.090	0.004	0.024	0.276	0.053	0.010	0.042	0.032	0.211	0.428
2013	0.306	0.024	0.555	0.088	0.002	0.023	0.280	0.062	0.009	0.050	0.030	0.208	0.421
2014	0.326	0.023	0.253	0.092	0.016	0.023	0.308	0.077	0.012	0.064	0.020	0.269	0.514
2015	0.246	0.024	0.500	0.095	0.002	0.030	0.402	0.094	0.005	0.080	0.014	0.287	0.495
2016	0.408	0.022	0.303	0.104	0.010	0.056	0.449	0.112	0.010	0.088	0.020	0.262	0.601

数据来源：根据 UN Comtrade 资料计算。

从表 5.3 可知，由于中国农产品第 01 章并没有对俄罗斯出口，集约边际为 0。根据表 5.3 计算结果，可以进一步得到 2002—2016 年中国农产品出口俄罗斯各章集约边际的均值与标准差，如图 5.4 和图 5.5 所示。

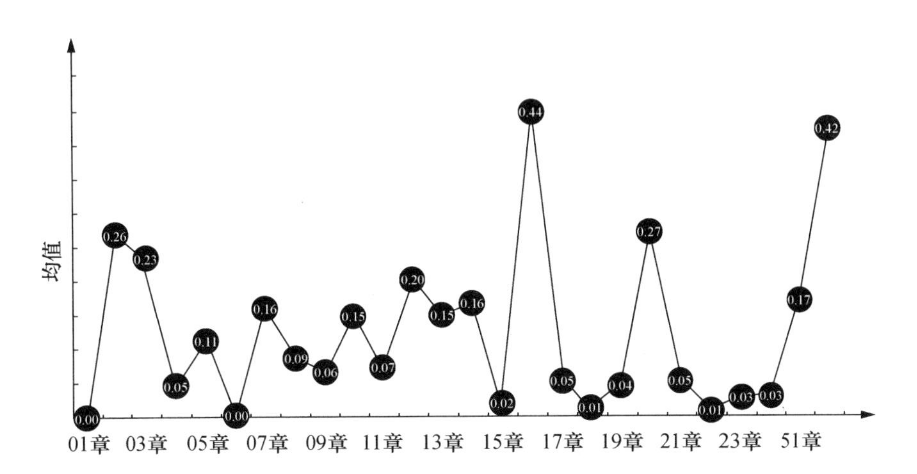

图 5.4　2002—2016 年中国农产品出口俄罗斯各章集约边际均值

数据来源：根据 UN Comtrade 资料计算。

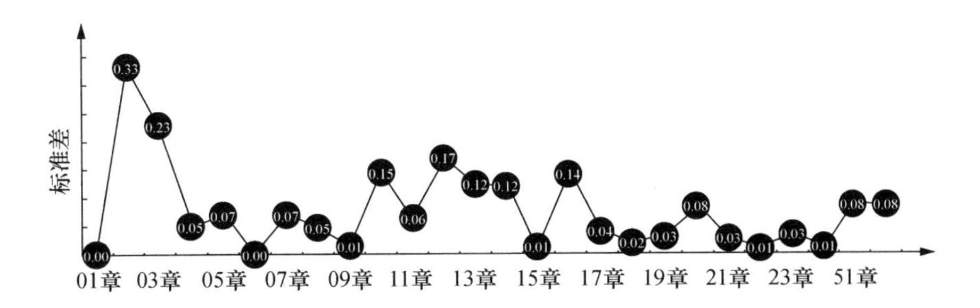

图 5.5　2002—2016 年中国农产品出口俄罗斯各章集约边际标准差

数据来源：根据 UN Comtrade 资料计算。

图5.4和图5.5反映了各章集约边际均值与标准差的变化情况,[①]其中均值最高的是第16章,为0.44,对应的标准差为0.14,表明中国对俄罗斯出口农产品中的第16章农产品贸易所占世界同类农产品对俄出口份额中,平均有44%来自于集约边际的贡献,[②]说明在俄罗斯市场上,中国第16章农产品拥有一定的市场竞争力。但该章标准差较大,表明这种市场地位并不十分稳定。集约边际均值最低的为第06章,[③]为0.003,对应的标准差为0.001,说明第06章对中国农产品在俄罗斯市场份额的贡献程度极小,且增长乏力。

集约边际均值大于0.4的有16、52章两章。集约边际标准差小于等于0.05的有04、06、08、09、15、17、18、19、21、22、23、24章,共计12章。可见,2002—2016年,中国农产品出口俄罗斯市场份额同世界出口俄罗斯相比,大部分品种集约边际对市场份额的贡献度不高,且波动较小。与扩展边际变动趋势对比,已有出口品种贸易流量对中国农产品所占俄罗斯市场份额贡献度较小,但相对稳定。

对比各章扩展边际与集约边际的均值变化与波动可知,中国农产品对俄罗斯出口的增长主要沿扩展方向变动。这与根据二元边际各年时序变动分析所得到的结论一致。

3. 基于各章出口二元边际的倾向性测度

尽管独立分析出口二元边际的扩展边际与集约边际,也可以得到农产品出口贸易流量增长的"倾向性"趋势,但将二者结合起来,对

---

① 与扩展边际情况类似,第01章为例外,不予讨论。

② 由公式(5-2)和(5-3),扩展边际与集约边际的乘积等于一国农产品对特定国家出口占世界对该特定国家出口的市场份额,因而,扩展边际与集约边际又可以看成对市场份额的贡献程度。

③ 图5.4和5.5中,第06章数据为0,这是由于计算结果仅保留两位小数造成的。

出口贸易流量“倾向性”进行统一测度很有必要。考虑到 Hummels & Klenow(2005)所提出的扩展边际与集约边际满足下式：

$$\mathrm{EM} \times \mathrm{IM} = R \tag{5-4}$$

式(5-4)表明，根据 Hummels & Klenow(2005)出口二元边际计算公式，出口国对进口国的扩展边际与集约边际的乘积等于在进口国市场上，出口国对进口国贸易额与世界对进口国总贸易额之比，该比值也称为出口国在进口国所占市场份额，即式(5-4)等式右边的 R 值。

同时，式(5-4)也表明，扩展边际与集约边际都与出口市场份额成正比，即如果扩展边际或集约边际增长，那么出口国贸易额在进口国的市场份额就会增长。但这种市场份额的增长既可能由扩展边际引致，也可能由集约边际引致，也可能两种边际共同作用所致。

为统一测度出口二元边际对贸易流量“倾向性”的影响，本书定义出口二元边际倾向性测度如下：

$$M_k = \frac{\mathrm{EM}_k - \mathrm{IM}_k}{\mathrm{EM}_k + \mathrm{IM}_k} \tag{5-5}$$

式(5-5)中，M_k 表示第 k 章农产品增长的出口二元边际倾向性，EM_k 表示第 k 章农产品的扩展边际，IM_k 表示第 k 章农产品的集约边际。M_k 在[−1,1]区间变动，M_k 等于 1，表明贸易流量的增长[①]完全由于扩展边际增长所致；M_k 等于 −1，表明贸易流量的增长完全由于集约边际增长所致；M_k 等于 0，表明贸易流量的增长来自于扩展边

① 根据 Hummels & Klenow(2005)公式计算的出口二元边际及其对出口流量增长的影响，均指对市场份额的影响，下同。

际增长与集约边际增长，二者没有倾向性；M_k 大于 0，表明贸易流量的增长倾向于扩展边际增长为主；M_k 小于 0，表明贸易流量的增长倾向于集约边际增长为主。

图 5.6 给出了 2002—2016 年，中国农产品出口俄罗斯的贸易流量增长倾向性分布。由图 5.6 可以很清晰地表明，大部分时间、大部分农产品类别的流量增长倾向性都大于 0，意味着这些农产品出口增长主要沿扩展边际，包括 02、06、07、08、09、10、11、12、13、14、15、17、18、19、20、21、22、23、24、51、52 章，共 21 章，占全部中国农产品出口俄罗斯品种的 84%。同样，由此得到的结论也与根据总的贸易流量所进行的出口二元边际分解所得到的结论一致。

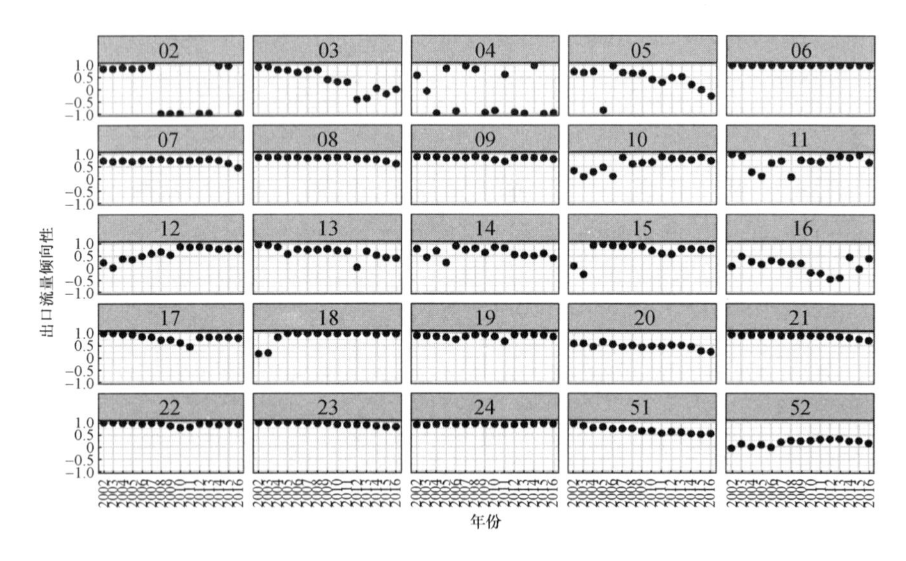

图 5.6　2002—2016 年中国农产品出口俄罗斯贸易流量倾向性

数据来源：根据 UN Comtrade 资料计算。

5.3 中国输俄农产品“质量”的倾向性分析

5.3.1 世界农产品技术含量变化趋势

基于劳动生产率高的国家，其产品的技术附加值也相对较高的假设，可以判定，定量测算贸易品所含技术附加值的关键在于劳动生产率的确定。Hausmann *et al*.（2005）提出可将各国人均GDP作为劳动生产率的替代指标，其潜在的逻辑是，人均GDP高的国家，一般为资本密集型国家，同时也是所谓高收入国家，从而这些国家劳动者的生产率会比低收入、劳动密集型国家的生产率要高。因此，Hausmann *et al*.（2005）将各国人均GDP[①] 作为计算基础，以出口某种产品的各国在该产品上具有的显性比较优势（RCA）作为权重，通过加权运算，最终得到世界所有国家出口该产品的技术附加值（PRODY指数）。

利用Hausmann *et al*.（2005）提出的公式对160个国家和经济体[②] 2002年到2016年期间的农产品出口数据进行计算。具体计算公式为：

$$\mathrm{PRODY}_k = \Sigma_i \frac{x_{ik}/X_i}{\Sigma_i (x_{ik}/X_i)} Y_i \tag{5-6}$$

---

① 一般在实际计算中，GDP总额采取世界银行发布的特定年度的以国际元为计量标准的平价购买力GDP。而人口指标则采用一国总人口标准。根据不同的基准年度计算的PRODY、EXPY等指标的绝对值会有差异。

② 这里剔除了本书写作时数据不全的国家和地区，以及中国香港、澳门等主要以转口贸易为主的经济体。新加坡等转口贸易较多的国家由于是“一带一路”沿线主要国家而没有剔除。

其中，$PRODY_k$ 表示世界 k 产品出口技术附加值，x_{ik} 表示 i 国 k 产品出口额，X_i 表示 i 国所有产品出口总额，Y_i 表示 i 国人均 GDP；而 $\frac{x_{ik}/X_i}{\sum_i(x_{ik}/X_i)}$ 表示 i 国 k 产品在世界所有国家 k 产品的某种权重，也可以理解为按 Hausmann *et al*.（2005）方法计算的 RCA，将其作为权重是为了消除各国出口规模差异的影响，避免可能出现的对出口大国的高估和对出口小国的低估。

由测算结果可知，自 2002 年至 2016 年，世界各类别农产品出口技术附加值有了显著提高。作为对比，图 5.7 列出了 2002 年与 2016 年两年的技术附加值 PRODY 对比。

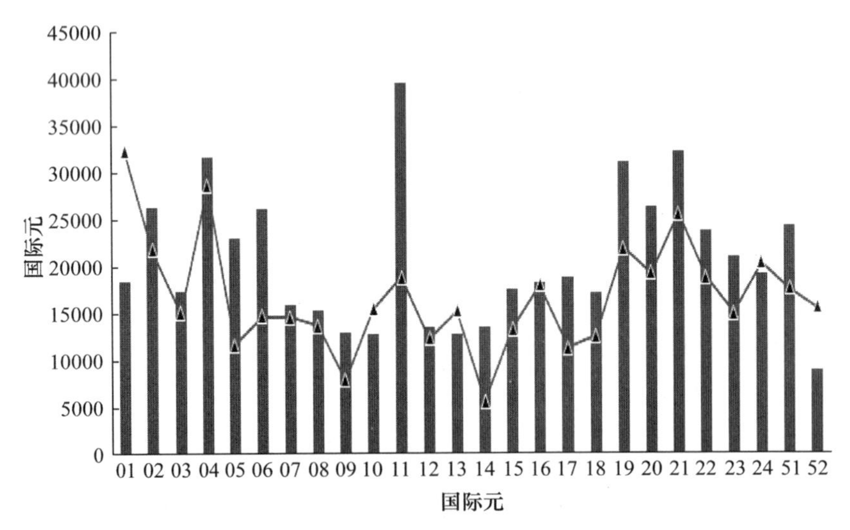

图 5.7　2002 年与 2016 年世界农产品技术含量对比

数据来源：根据 UN Comtrade 资料计算。

图 5.7 中的柱状图表示 2016 年世界农产品 HS 01—24 章，以及 51、52 章的技术附加值，而折线表示 2002 年世界农产品 HS 01—24

章，以及51、52章的技术附加值。技术附加值也称为显性技术含量，在本书中两者是等价的。

从图5.7可知，总体上，随着生产率的提高，2016年各章的PRODY值基本高于2002年，表明总体上，技术含量的绝对值增加了，这与世界生产技术水平总体呈增加趋势相符。但第01、10、24、52章的技术附加值发生逆转，这四章的PRODY值2016年比2002年要低，可能是由于一些相对较高生产率国家退出了这几章农产品国际市场。

进一步分析各章的PRODY值增长情况，2002—2016年，累计增长位居前五位章节如图5.8所示。

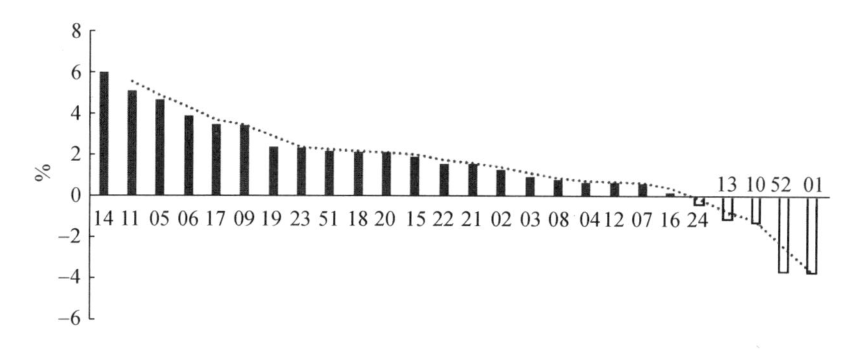

图5.8　2002—2016年各章PRODY复合平均增长率

数据来源：根据UN Comtrade资料计算。

由图5.8可知，2002—2016年显性技术含量年平均增长最快的前五位分别是第14章(6%)、第11章(5.1%)、第05章(4.65%)、第06章(3.92%)和第17章(3.47%)。而第01章(−3.70%)和第52(−3.63%)章、第10章(−1.26%)以及第13章(−1.13%)各章显性技术含量，位居年复合平均下降幅度前四位。

最后，如果我们观察2002—2016年每一年的所有农产品显性技术含量PRODY平均值，可以发现，随着时间的推移，世界农产品显性技术含量总体上逐步增加，但斜率不大，表明增长的速度比较缓慢，见图5.9。

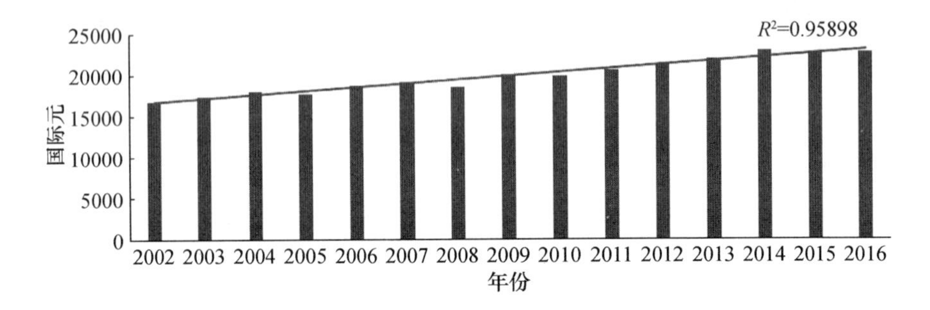

图5.9　2002—2016年各章农产品显性技术含量均值变化趋势

数据来源：根据UN Comtrade资料计算。

从图5.9可知，世界农产品PRODY各年均值从2002年的16867国际元稳步增长到2016年的22818国际元，累计增长幅度为35.3％，平均每年复合增长约2.03％，低于世界年均GDP增长率2.83％。总体上，世界农产品的技术含量随着世界年均GDP的增长而稳步增长。

5.3.2　中国输俄农产品的比较优势与技术含量

表5.4列示了2014—2016年中国农产品出口俄罗斯贸易额排名前10[①]的有关章，以及这些章在2002—2016年的显示性比较优势

① 这里2014年、2015年、2016年三年具体排名情况略有不同，分开列示。RCA均值和PRODY均值为2002—2016年的平均值。

均值与技术含量均值的对应值。[①] 从表 5.4 可以看出，中国出口俄罗斯排名农产品中，具有显性比较优势[②]的农产品的技术含量平均值不高，大致位于 10000 国际元至 22000 国际元区间，个别偏低，仅 7881 国际元（第 09 章）左右，而显性比较优势最高的第 52 章（棉花），其 PRODY 值为 9896 国际元，反映出中国最具比较优势的出口农产品的技术含量偏低。

表 5.4 2014—2016 年输俄农产品排名前十的品种对应的 RCA 和 PRODY 均值

HS 类别	2014 年排序	2015 年排序	2016 年排序	RCA 均值	PRODY 均值
52	4	4	4	4.23	9896.44
16	5	5	6	3.31	18459.59
20	2	3	3	2.21	22718.46
07	1	1	2	2.15	14781.68
03	9	—	10	2.00	17983.72
13	—	8	8	1.89	15910.90
09	8	9	9	0.97	7881.21
08	3	2	1	0.67	14502.18
21	6	6	5	0.65	29687.09
23	7	7	7	0.57	18542.69
17	10	10	—	0.48	14259.56

数据来源：根据 UN Comtrade 资料计算。

从 PRODY 增长速度来看，世界农产品技术含量复合增长速度

① RCA 均值和 PRODY 均值按 2002—2016 年计算，反映了在此期间农产品比较优势的总体状况，而出口排名重点关注 2014—2016 年，以对比分析农产品对俄出口前十品种受长期比较优势的影响。

② 一般认为，RCA 大于 1，表明该类农产品具有显性比较优势，反之则没有。但各国同类农产品出口的显性比较优势的值差异很大，且彼此之间不存在简单类比性。因此，在一国出口的所有农产品集范围内，显性比较优势才是有意义的。

最快的前三章，即14、11和05章并没有进入最近3年中国农产品出口俄罗斯前10序列；而下降最快的前三章，即01[①]、52、和10章中，第52章（棉花）恰恰属于中国农产品对俄出口前10品种中显性比较优势最高的类别。这说明从农产品技术含量增长的角度看，中国农产品对俄罗斯出口产品技术含量增长与显性比较优势之间存在进一步优化的空间。

5.3.3 输俄农产品技术含量倾向性测度

1. 技术含量倾向性测度

为了避免选择样本国家数量对技术含量数额大小的影响，而且更为重要的是，基于比较优势的相对性，各类别农产品技术含量数额绝对大小并不重要，重要的是在给定的时间内，各类别农产品技术含量的相对排序及变化。因此，在测度出口增长的“质量”倾向性，即技术含量倾向性时，对每一年的PRODY值作标准化处理，且各年不同类别的农产品技术含量的相对排名具有可比性。本书采用离差法进行标准化，将数据映射到（0，1）区间，具体公式为：

$$b_i = (a_i - a_{\min})/(a_{\max} - a_{\min}) \quad (5\text{-}7)$$

其中，左边 b_i 表示离差标准化后的序列，a_i 表示离差标准化之前的序列，$a_{\min}$表示 a_i 序列的最小值，$a_{\max}$表示 a_i 序列的最大值。经过公式（5-7）标准化处理，农产品技术含量取值在（0，1）区间。本书定义出口产品技术含量倾向性测度公式如下：

$$\mathrm{NP}_k = \mathrm{NPRODY}_k - 0.5 \quad (5\text{-}8)$$

① 尽管第01章下降最快，但中国农产品对俄出口不包括该章，因此不需讨论。

式(5-8)中，NP_k 表示第 k 章农产品的技术含量倾向性(或称贸易“质量“倾向性)，$NPRODY_k$ 表示经过离差标准化后的第 k 章农产品技术含量。本书假定，农产品技术含量在(0,1)区间的倾向性服从均匀分布，因而取其均值0.5为临界点。NP_k 大于等于0，表示当年出口“质量”倾向于中高技术含量，；NP_k 小于0，表示当年出口“质量”倾向于低技术含量；NP_k 等于0.5，表示当年k类农产品为给定时间段内世界所有农产品技术含量最高类别；NP_k 等于－0.5，表示当年k类农产品为给定时间段[1]内世界所有农产品技术含量最低类别，在给定时间段内，离差标准化后的技术含量 NP_k 在[－0.5,0.5]范围波动。

由于比较优势的相对性，要素价格的变化会导致同一类别的农产品在不同年度的技术含量各不相同，在标准化后，不同年度的不同类农产品的技术含量倾向性具有可比性。

根据式(5-8)计算，2002—2016年，世界农产品出口技术含量的倾向性变化分布如图5.10所示。第03、04、19、21章在2002—2016年均处于中高技术含量区间，第11章先位于较低技术含量区间，2008年后其技术含量震荡上行；其余02、05、06、07、08、09、10、12、13、14、15、16、17、18、20、22、23、24、51、52章处于较低技术含量区间。

2. 输俄农产品的技术含量倾向性

在2014—2016年，中国农产品出口俄罗斯前10类别包括第52、16、20、07、03、13、09、08、21、23、17章，共11章，其中，在2002—2016

[1] 本书给定时间段起点为2002年，终点为2016年，共15年。

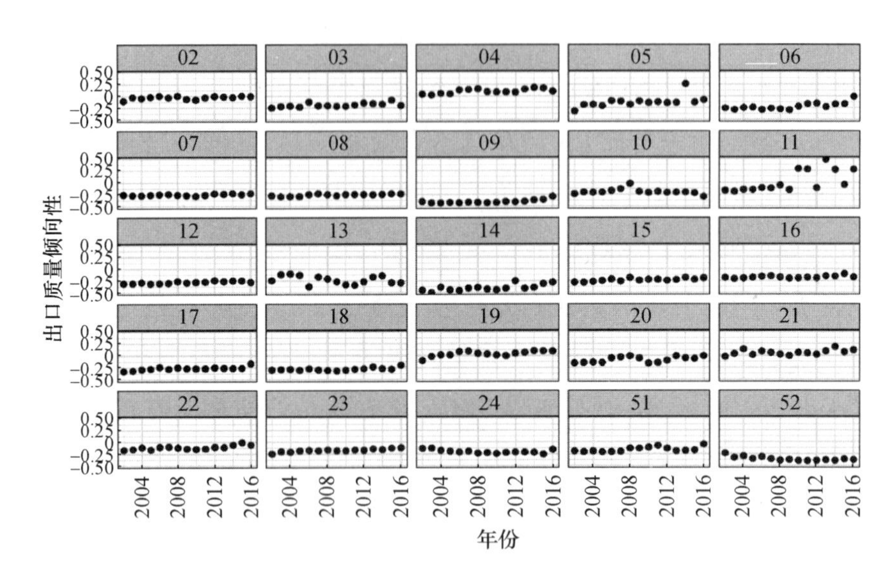

图 5.10　2002—2016 年世界农产品出口技术含量倾向性变化

数据来源：根据 UN Comtrade 资料计算。

年处于中高技术含量区间的有第 03、21 章，其余 07、08、09、13、16、17、20、23、52 共九章处于较低技术含量区间，可见，在中国农产品对俄出口排名领先的类别中，较高技术含量的品种偏少，主要是较低技术含量农产品类别。进一步分析中国农产品出口俄罗斯各章技术含量倾向性，发现大部分农产品技术含量所处区间比较稳定，波动较小，这在一定程度上解释了比较优势在国际贸易中的负面作用，即“比较优势陷阱”的存在。如中国这类人均 GDP 偏低的国家在某些类别农产品出口上的比较优势客观上加重了对这些农产品出口的长期依赖性，难以突破，并进一步优化了原有出口产品结构。

从图 5.10 可知，中国农产品对俄罗斯出口类别总体上技术含量不高，以 2014—2016 年为例，在前十大主要出口农产品中仅 03、21

两章为中高技术含量，其余均为低技术含量。这与孙致陆、李先德(2013)年对农产品出口技术结构演进趋势的研究吻合。

5.4　中国输俄农产品出口增长倾向性矩阵与格兰杰因果检验

5.4.1　出口增长的倾向性矩阵

基于本章前述相关研究，根据式(5-5)和(5-8)计算的出口流量倾向性与出口"质量"倾向性[①]，构建出口增长倾向性矩阵。图 5.11 清晰地展示了 2002—2016 年中国农产品出口俄罗斯增长倾向性的变化趋势。每一年度的增长倾向性分解为两个维度：(1) 基于 Hummels & Klenow(2005)出口二元边际的出口农产品流量倾向性；(2) 基于 Hausmann *et al*.(2005)产品技术含量的出口农产品"质量"倾向性。由图 5.11 可知，2002 年中国加入世贸组织后，农产品[②]出口俄罗斯增长主要沿扩展边际、低技术含量方向，随着双边农产品贸易关系的不断加强，增长总体上分化为大部分品种仍沿扩展边际、低技术含量方向，少量品种沿集约边际、中高技术含量方向。2002—2016 年期间，中国农产品出口俄罗斯的技术含量总体呈上升趋势，总体上，中国农产品在俄罗斯市场比较优势呈增强的趋势。

---

① 出口"质量"倾向性采用本书所构造的技术含量倾向性公式计算得到。
② 第 01 章对俄出口为 0，故剔除。

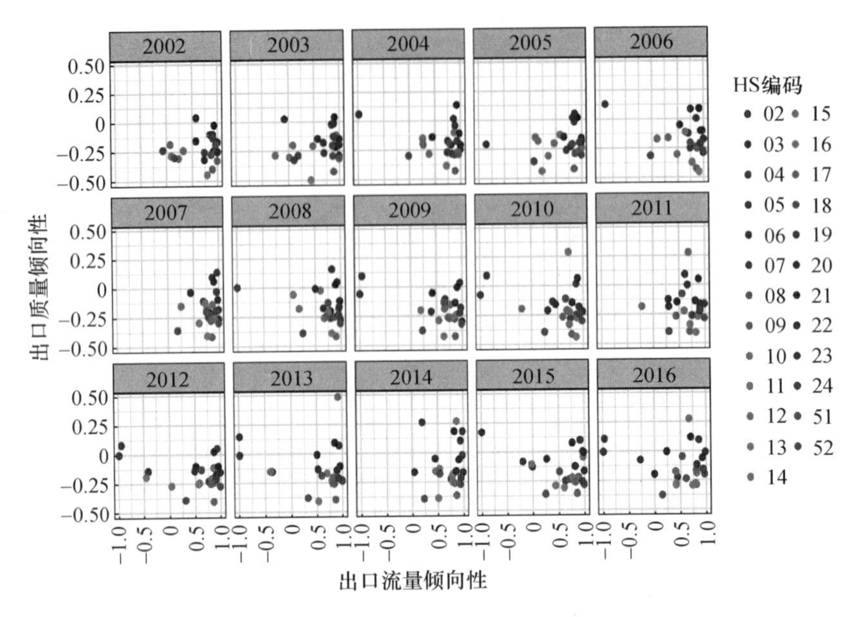

图 5.11　2002—2016 年中国农产品出口俄罗斯增长倾向性矩阵

数据来源：作者根据 UN Comtrade 资料计算。

5.4.2　格兰杰检验

如果将世界（或一国）每种产品出口额在其出口总额中所占比重作为权重，对世界每种产品出口技术附加值进行加权运算，可进一步得到衡量世界（或一国）出口贸易技术结构的整体出口技术附加值（EXPY 指数）。EXPY 指数反映了一国出口产品的一篮子整体技术附加值水平，基于同一计算口径的各国 EXPY 可以进行序数排名比较。计算公式如下：

$$\mathrm{EXPY}_i = \Sigma_i \frac{x_{ik}}{X_i}\mathrm{PRODY}_k \tag{5-9}$$

通过对每一章构造增长倾向性矩阵，获得了中国农产品出口俄罗斯2002—2016增长倾向性变化矩阵图(即图5.11)。现在讨论问题的另一面,即技术含量的变化与二元边际的内在联系是如何变化的。本书将采用Hausmann et al.(2005)提出的整体技术附加值(EXPY)来测度一国出口产品的整体技术含量(式(5-9)),从而在一国整体水平上进一步分析出口增长“质”与“量”的关系。

图5.12给出了2002—2016年,中国出口农产品整体技术附加值变化趋势。

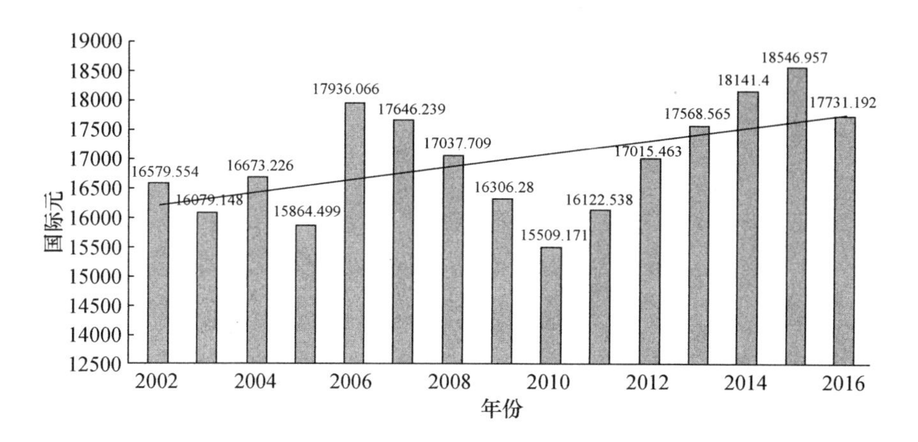

图5.12　2002—2016年中国农产品整体技术附加值

数据来源:根据UN Comtrade资料计算。

由图5.12可知,总体上,中国出口农产品整体技术含量呈波动增长,但增长趋势缓慢。

一国出口产品整体技术含量[①]增加可以增强出口竞争力,有利于找到新的市场,扩大市场份额。而产品出口二元边际的增长压力可能迫使更多国内企业加大研发投入,因而也会促进一国出口产品整

① 整体技术附加值与整体技术含量在本书中为同一个概念,即EXPY。

体技术附加值增加。从一个时间段看，整体技术附加值与出口二元边际都是时间序列，具体前定关系如何变化，可以采用格兰杰检验实证分析。

表5.5将中国出口农产品整体技术含量EXPY与中国农产品出口俄罗斯的扩展边际和集约边际两两配对，利用R语言的MSBVAR包做格兰杰检验。检验结果表明，中国出口农产品整体技术含量构成中国农产品出口俄罗斯集约边际的前定序列，即如果中国农产品整体技术含量增加，那么，中国农产品在俄罗斯的既有品种的出口额也会随之增长；但中国农产品整体技术含量的增加不会导致对俄罗斯出口的扩展边际随之增加，可能是由于，与其他市场相比，中国农产品主要出口方向在东亚、东盟等市场，因此，中国农产品技术含量增加后会更容易进入东亚、东盟市场。而无论是扩展边际还是集约边际，都不构成对整体技术附加值的前定序列，因此，中国农产品对俄罗斯出口增长的二元边际变化不是中国农产品整体技术附加值增长的格兰杰原因。而这与以章为基础构建的出口增长倾向性矩阵分析结论一致，即中国农产品主要沿扩展边际、中低技术含量方向增加对俄出口，但2002—2016年俄罗斯尚未成为中国农产品出口的主要目的国，出口额偏低，因而中国农产品对俄罗斯出口增长的二元边际变化不会对中国农产品的整体附加值产生直接影响。

表5.5　整体技术附加值与二元边际格兰杰检验

配对指标	F统计量	p值
EXPY→EM	1.4285	0.2948
EXPY→IM	4.0339	0.0615
EM→EXPY	2.9564	0.1093
IM→EXPY	0.5690	0.5874

本章首先从 Hummels & Klenow(2005)出口二元边际开始,对中国农产品出口俄罗斯各章农产品进行二元边际分解,进而测度出口流量的倾向性;其次,从增长的"质"的方面分析,基于 Haussmann et al.(2005)提出的产品技术含量指数,测度世界农产品以章为单位的技术含量,并分析中国出口至俄罗斯的主要农产品技术含量分布情况;最后,通过所构造的出口增长倾向性矩阵,得到 2002—2016 年中国农产品出口俄罗斯增长倾向性分布与变化特征。

本章小结

贸易的倾向性分析,是本书研究中非常重要的一章。只要存在比较优势,就一定会形成按照比较优势构建的倾向性出口。基于这一原理,通过整合相应的分析工具如二元边际、技术含量指数等,将中国农产品对俄罗斯出口的倾向性脉络清晰地呈现。本章的研究结论表明,要实现长期、可持续的农产品出口增长,必须进一步分析中国农产品各章的比较优势与潜在竞争实力,识别具有战略性增长潜力的农产品细分产业,并且所识别的农产品有可能获得一定的全球农产品定价权,即具有"寻租"的潜在能力。

第6章　中国农产品对俄罗斯出口增长的战略性研究

本章重点讨论战略性贸易政策下的出口增长问题，研究的主要问题是潜在符合战略性贸易政策的细分产业或产品类别的界定与识别，以及如何对潜在符合战略性贸易政策的细分产业或产品类别进行培育与要素扶持，[①]也就是常说的"做大做强"。

6.1　战略性贸易政策的含义

6.1.1　政府干预与比较优势的结合

比较优势理论是新古典主义自由竞争思想在国际贸易领域的具体运用，也是国际贸易理论的基石。理论界认识到自由竞争的重要

---

① 本章回避了既有的符合战略性贸易政策的产业如何竞争的分析，这是因为，就本书研究范围而言，中国农产品无论是在全世界范围还是在俄罗斯市场，都暂时不存在明显证据表明符合战略性贸易政策的农产品业已存在。

性，主张政府不应干预市场，让市场自由配置，从而优胜者是通过市场竞争优胜劣汰而得到的自然而然的结果。但 Barbara Spencer & James Brander(1985)指出，包含于国际贸易理论中的完全市场竞争假设，并不能完全解决企业和政策制定者所关心的一类关键问题，即在垄断市场结构下国际贸易的经济利润应当如何转移，从而使得本国企业能在这种结构下的国际贸易中获得更多的经济利益。

自21世纪以来，由于世界经济的长期不景气，各国贸易保护主义思想日趋流行，最近几年，主要经济体特别是美国，秉承"美国人优先"的原则，倾向于采取更多的限制外国企业及产品进入美国市场，同时采取大力扶持和鼓励美国产品向世界出口的贸易政策。[①] 由于美国世界500强企业长期位居世界第一，在诸多产业与研发领域在全世界处于垄断和领先地位，因而这些政策的理论根源可以追溯到 Barbara Spencer & James Brander 所创立并由 Krugman(1985)进一步发展完善的"战略性贸易政策"理论。[②]

尽管传统的市场自由主义者将政府"不干预市场"的理念奉为圭臬，但这种情况在现实中并不存在，各国政府基于各种理由对进出口贸易均不同程度地实施了干预，以确保本国利益。Barbara Spencer & James Brander(1985)等基于不完全竞争市场结构提出了战略性贸易政策理论，随后，理论界对其进行了深入而持续的研究。在后续学者的研究成果中，Krugman(1985)的有关结论对战略性贸易政策理论尤为重要，认为可以将战略性贸易政策概括为一个中心问题，两个基本认识。

---

① 特朗普2016年11月当选美国第45任总统，主张"买美国货，用美国人"。

② "战略性贸易政策"英文 strategy trade policy，是指贸易双方的博弈策略及政策，与战略性新兴产业不是同一个概念。本书在谈到"战略性"一词时，严格遵循 Barbara Spencer & James Brander(1985)定义。

“一个中心问题”是指政府对贸易政策的干预是否合理和必要；“两个基本认识”是指通过政府的积极政策获得更高的“租金”，以及通过政府的积极政策获得更多的“外部经济性”。

是否采用战略性贸易政策同具体的产业[①]相关，按照 Barbara Spencer & James Brander（1985）的观点，只要某个产业存在不完全竞争结构，比如存在垄断、垄断竞争等不完全竞争的市场结构，那么就会存在“租”的分配问题。不同的市场组织结构对应不同的贸易政策，因而，我们也可以将战略性贸易政策视同产业组织理论、产业政策在国际贸易领域的延伸。

采用战略性贸易政策并非要摒弃市场这双“无形的手”对资源的配置功能。在国际市场，农产品贸易在很大程度上取决于各国比较优势，而对于那些在国际市场具有垄断市场地位的农产品，由于这类农产品市场参与方较少，在这种情况下，应当主要考虑战略性贸易政策对经济利润的转移效应，使得本国企业获得更多贸易利益。因此，一国农产品出口的战略性增长，应当首先是比较优势下的出口增长，当这种增长达到一定的规模，从而构成市场垄断时，继续增长的可能性将取决于一国的战略性贸易政策。

随着“一带一路”倡议不断得到相关国家的认同，一方面，中国一些优势产业比如高铁初步具备了一定的竞争优势，这些产业在走出去时可以结合实际采用战略性贸易政策以期获得最大福利。另一方面，相对于发达国家，中国另一些产业比如农业，总体上属于比较优势不明显、规模经济水平偏低的产业，如果发达国家基于战略性贸易

① 本书中“产业”及分类总体遵循联合国国际标准产业分类，即 2009 年实施的 ISIC 第 4 版。同时，在不引起歧义的地方，也会采用文献常用的分类方法。

政策理论对其农产品出口进行补贴，[①]那么发达国家的补贴行为就可能损害中国农产品出口利益。

对中国这样人口众多、幅员辽阔的大国，没有发达的农业是很难为经济的长期中高速增长提供基础保障的。十九大报告强调粮食安全必须由中国人自己掌握。因而，无论是基于战略性贸易政策理论，还是基于中国国情实际情况，对农产品国际贸易给予适度的、有效的政策干预以实现农产品出口的战略性增长是十分必要的。

6.1.2　潜在战略性产业或产品的存在假设

根据林毅夫(2014)和徐元康(2016)的观点，本书认为，一个潜在的符合战略性贸易政策的产业应该是具有自生能力的，是该产业中的企业基于本国比较优势在竞争性市场条件下的理性选择。但与国外类似产业或企业相比，由于规模经济的原因，在国际市场中的竞争力尚不够强大，同发达国家相比实力较弱，因而在国际竞争中暂时处于追随者的地位。

由于比较优势是不断变化的，具有自生能力的企业会根据比较优势的动态变化，选择合适的生产函数，从而在激烈的市场竞争中胜出。在国内市场竞争中胜出的企业在其所在的产业内将具有较强的竞争优势，如果这种优势得以不断巩固，那么，就有可能出现具有较强"寻租"能力的企业。

因此，综合以上分析，本书引出一个假设性命题，在发展中国家，潜在的符合战略性贸易政策细分产品[②]是存在的，而且可以通过

---

① 事实上，无论所补贴的农产品是否属于战略性产业，发达国家对农业的补贴举措普遍存在。

② 本书中，符合战略性贸易政策的产业有时也简称"战略性贸易产业"。

比较优势分析加以识别；同时，如果发展中国家有能力识别潜在的具有自生能力 的企业及相关产业，那么政府通过一系列政策对要素禀赋结构的改变，就能实现对潜在战略性产业的要素补贴的目的，并通过市场的作用，最终培育出新的符合战略性贸易政策的产业及细分产品，从而有可能改善国际贸易的福利分配（林毅夫，2014）。

6.1.3 潜在战略性产业或产品的识别原则

1. 识别原则的提出

Babara J. Spencer（1986）在一次著名的有关战略性国际贸易政策论文研讨会上，提出“贸易政策应当扶持什么”时，对如何识别需要扶持的产业有关特征进行了总结。概括起来，包括：(1) 产业或潜在产业所获得的额外收益必须能超过补贴的总成本；(2) 本国产业正面临国外厂商的激烈竞争或潜在竞争；(3) 与出口相关的产业较国外竞争者更加集中；(4) 相关的扶持政策不会引起要素价格过高；(5) 本国产业相对国外而言具有较大的成本优势，增产能带来大幅度规模经济；(6) 产业扶持造成的研发外溢效用最小；(7) 研发成本和资本成本为拟扶持产业主要成本构成部分，且国外进入壁垒较高。

上述特征比较全面地概括了已经或可能成为符合战略性贸易政策的产业的基本特征。然而，对农业，特别是针对中国农业而言，很多特征条件并不具备，比如世界出口领先的中国农产品技术含量与国外相比偏低，竞争者的进入门槛不高，也没有足够证据表明对农业的某些扶持补贴所得到的额外收益已经超过补贴的总成本。[①] 同时，

① 大量文献研究表明，中国农业长期总体性地依赖国家农业专项补贴，但收效并不明显。

产业集中度与国外相比也不高;对农业研发投入成本同国外竞争者相比也比较少。

如果单从 Babara J. Spencer(1986)所提的这七个特征来判断中国农产品细分类别是否具备实施战略性贸易政策的条件,那么答案应当是否定的。但事实是,2002—2016 年长达 15 年的较长时期内,中国农产品仍然在不少大类上(具体见表 6.2)在世界出口中保持领先,这些类别的农产品如果由具备自生能力的企业生产,那么,随着中国国力的持续不断提高,产能的不断释放,在一定的要素价格下,通过政府适当的扶持,这些农产品细分产业及其相应的生产企业就有可能成为潜在战略性贸易产业或产品。

考虑到中国对世界出口领先的农产品技术含量并不占优势的事实,本书重点聚焦于那些在国际贸易竞争中已经显示出较强的比较优势的农产品,并且在一定时期,这种比较优势相对稳定并强劲增长。因此,本书主要采用比较优势来判断可能的潜在战略性贸易细分产业。

本书选择平均显性比较优势指标(RCA)排名领先的农产品所在的农业细分产业作为可能的潜在战略性产品,理由如下:

(1) 显性比较优势是可以测度的,反映了出口产品所在的相关企业在国际市场竞争中的实际地位,这是一个必要条件。

(2) 根据林毅夫(2014)有关企业"自生能力"概念,如果一个产业所在的企业是有"自生能力"的,那么该企业至少可以获得正常利润。一般而言,政府对产业的长期补贴是不可持续的,因此,一个较长时期的显性比较优势均值排名一定程度上体现了细分产业的企业的"自生能力"的高低,排名越高意味着该细分产业的企业"自生能力”越强，这是成为潜在战略性产业的必要条件。

(3) 一个较大的产业往往包括若干细分产品(有时也称为细分产业)，在一段较长时期内，如果一个细分产品的显性比较优势相对其他细分产品更高，意味着该细分产品可能具有比其他细分产品更强的“寻租”能力。也就是说，如果一定时期某细分产品的显性比较优势排名越高，且假定不存在国家长期性的巨额财政补贴等人为因素，那么可以断定，在特定的目标市场上，该细分产品的“寻租”能力比其他细分产业可能要强一些。

2. 比较优势的测度与分类

常用的比较优势识别方法是 Balassa(1965)所提出的显性比较优势指标(RCA)。本书遵从一般文献方法计算 RCA 指标，尝试从显性比较优势指标增长均值和波动性变化的角度，采用 K-means 算法来测度比较优势。

K-means 是对 d 维向量空间的点集 $D=\{x_i \mid i=1,\cdots,N\}$ 进行聚类，其中 $x_i \in R^d$ 表示第 i 个对象(数据点)。一般通过欧几里得距离大小来判断各“点”之间的紧密度，并据此进行分组聚合。实际上，K-means 算法是要最小化如下非负代价函数：

$$\text{Cost} = \sum_{i=1}^{N}(\text{argmin}_j \parallel x_i - c_j \parallel_2^2) \tag{6-1}$$

式(6-1)表示，最小化每一个点 x_i 和离它最近的聚族代表点 c_j 之间的欧几里得距离的平方和。一般情况下，分两步交替对点集 D 进行聚类迭代，先随机确定 k 个数据点作为聚族点，然后对式(6-1)求最小化运算，持续迭代直到代价函数 Cost 收敛为止。可见，K-means 聚类算法的核心是聚类收敛条件，并通过聚类收敛情况选

取合适的 k 值。换句话说,选择不同的 k 值,只要该 k 值下聚类条件收敛,则称完成了对点集 D 的一次聚类划分。k 值的选取既可以根据经济理论模型而定,也可以自由选取,以探察点集 D 的类型信息。事实上,如何选取 k 值对点集 D 的划分没有必然联系。

K-means 算法只能获得面向非凸代价函数优化的局部最优解,有时会导致聚族差异巨大,甚至聚类失败。因此,不存在所谓最优的 k 值,合适的 k 值仍必须结合经济理论和问题实际情况而定。[①]

由于 K-means 分析可以不代入研究者的主观判断,并且可以在全世界出口农产品数据基础上进行算法分析,由此得到的比较优势细分结果在一定程度上体现了研究的客观性,因此,本书将 K-means 聚类分析用于农产品比较优势分类。

(1) 比较优势测度的方法比较

从有关显性比较优势文献看,显性比较优势主要用于分析产品的显性竞争力,以及一国出口产品结构的动态变化。几乎所有文献都将 Balassa 显性比较优势公式的计算结果分为两种:若大于 1,则断定相关产品具备显性比较优势;若小于 1,则断定相关产品不具备显性比较优势。而根据 RCA 公式的变化形式得到的标准 RCA (NRCA)公式,若计算结果大于 0,则判断为具备显性比较优势;若小于 0,则判断为不具备显性比较优势。无论是按照 RCA 公式,还是 NRCA 公式,对显性比较优势的判断均基于特定的时间点,且相关的判断标准均来自于经验或者约定俗成。(Laursen,2000)考虑到 RCA 和 NRCA 均为连续随机变量,仅根据经验或者约定俗成无法对显性

① 机器学习的理论基础与传统计量经济工具一样都是概率统计,意味着机器学习也同传统计量经济工具一样并非万能。

比较优势作进一步的分类。由此可以引申出三个问题：第一，根据显性比较优势指标的临界值来判断是否具有显性比较优势到底是否可行？第二，除了有竞争力与无竞争力两分法外，可否按照一定的规则形成更多的分类，进而更加深入地认识显性比较优势指标的特性和作用？第三，更进一步，我们应该如何运用RCA指标判断一段时期产品的比较优势？

（2）比较优势指标临界点的讨论

根据Balassa（1965）RCA指标公式，在某一时点，若i国出口k产品的RCA>1，则称i国的k产品具有显性比较优势；若RCA<1，则称i国的k产品不具有显性比较优势。对于NRCA公式，临界值变成0，即若i国出口k产品的NRCA>0，则称i国的k产品具有显性比较优势；若NRCA<0，则称i国的k产品不具有显性比较优势。

显然，无论是哪一种指标，均只是将显性比较优势简单地分为有比较优势和无比较优势。这种分类只能满足基本的比较优势分析。根据相关计算公式，理论上，RCA与NRCA均为连续的随机变量，而出口产品贸易额理论上也是一个连续的随机变量，这表明，在任意特定时点上，一国出口产品贸易额构成一个连续变化的序列，并对应一个连续变化的显性比较优势序列。

除了RCA与NRCA[①]在某一时点上所反映的比较优势外，运用这两个指标判断一段时期的出口产品的比较优势也是一个重要的研究方向。我们认为，相对特定年度的显性比较优势，考察一段时期产

① 本书运用K-means算法时，分别采用RCA与NRCA指标测算，发现采用RCA指标能更好地区分显性比较优势分类水平，因此，在后续分析和实证中采用RCA指标作为K-means分类的基础。

品的比较优势更重要，可以更好地反映出口产品在比较优势基础上形成的长期竞争力。

因此，既然可以用临界点二分法来区分某一时点上的产品的显性比较优势，也不妨尝试采用其他分类标准，在一个给定时期内对RCA与NRCA作更多的分类，以便更加深入地分析产品显性比较优势的变化规律，考察在一个给定时期内的比较优势和产品竞争力的属性特征。因为K-means聚类分析不需要预设判定标准，避免了研究者主观干预可能产生的偏误，所以下文尝试引入K-means聚类方法作为显性比较优势的一种分类机制。

(3) 比较优势指标特征值的构造

本书选择构造RCA的两个特征值：特征a为平均值；特征b为调整后的标准差。选择RCA平均值是为了和显性比较优势理论保持一致。Balassa(1965)认为，RCA值的大小反映了产品显性比较优势的强弱。本书考察一段时期内的产品比较优势，因此特征a采用平均值。

如果简单地选择RCA的标准差，并不能准确反映产品竞争力的真实变化。原因在于标准差是一个无方向的标量。下降趋势的序列与上升趋势的序列可以有相同的标准差。因此，构造如下函数：

$$(1+\mathrm{RCAsted}_{i,j})^{\mathrm{RCA}^{1}_{i,j}-\mathrm{RCA}^{0}_{i,j}} \tag{6-2}$$

称式(6-2)为调整后的标准差，即特征b。式(6-2)中，$\mathrm{RCAsted}_{i,j}$表示第i国的第j章农产品在某一时间段(如2002—2016年)的标准差；$\mathrm{RCA}^{1}_{i,j}$表示第i国的第j章农产品在某一时间段期末(如2016年)的RCA值；类似地，$\mathrm{RCA}^{0}_{i,j}$表示第i国的第j章农产品在某一时间段期初(如2002年)的RCA值。

式(6-2)是一个底数大于1的幂函数,单调递增。当标准差相同时,调整后的标准差取决于期末RCA与期初RCA的差。很显然,$RCA_{i,j}^{1}-RCA_{i,j}^{0}>0$下的调整后标准差要大于$RCA_{i,j}^{1}-RCA_{i,j}^{0}<0$下的调整后标准差。因此,式(6-2)中的调整后标准差反映了RCA值变化的方向对原标准差的影响,弥补了原标准差作为特征值没有方向性的不足。

(4) K-means聚类效果的评价

文献一般采用轮廓系数评价K-means聚类的性能。轮廓系数越大,表明聚类效果越好。具体计算公式如下:

$$sc^{i}=\frac{b^{i}-a^{i}}{max(b^{i},a^{i})} \tag{6-3}$$

式(6-3)中,sc^{i}表示样本x^{i}的轮廓系数。b^{i}表示样本x^{i}所在聚族之外的任一族中所有的点与x^{i}的平均距离;a^{i}表示样本x^{i}所在聚族内所有其他点与样本x^{i}距离的平均值。所有样本点x^{i}的轮廓系数均值即为本次聚类的整体轮廓系数sc。

6.1.4 潜在战略性农产品细分类别的识别

已有文献表明,如何识别战略性产业部门是战略性贸易政策的首要问题。对于仅有少数大企业参与的国际贸易市场而言,具备寻租能力和市场垄断地位的少数企业会“自然而然”地采用战略性贸易政策。然而,就农产品而言,受要素条件限制,许多农产品细分种类并不具有寻租能力,也没有多少市场垄断势力,即便在世界市场出口排名领先也无法立即采用战略性贸易政策。这是由于,与飞机制造

业仅有波音、空客两家企业相比，大部分农产品生产商规模偏小，数量较多，缺乏对价格的掌控能力，因而也就失去“寻租”空间。换言之，出口总量上的排名领先并不能等同于单一企业（或较少企业）、市场垄断下的出口领先。

但一国对特定国家的出口，由于存在地缘接近、要素价格的异质性和比较优势差异，使得其他竞争对手可能处于相对劣势，从而使得本国对该特定国家的农产品出口具有一定的定价权，这就为寻找、识别和培育可能的战略性细分产品提供了可能。[①]

6.2　世界农产品出口排名领先的概况

6.2.1　世界农产品出口额排名前十的品种

从战略性贸易政策理论角度出发，世界范围内，一个市场如果是垄断的，那么，最有可能符合战略性贸易政策的产业应当是从该市场排名最靠前的几个国家中寻找，并且重点关注在这个市场排名最靠前的几个国家的出口额。[②] 图6.1给出了2002—2016年，各章农产品世界出口额排名前十的农产品种类，就是对全世界2002年至2016

① 还有一种可能性，如果一国在世界范围内保持出口领先的某些类别农产品，也有可能在特定国家依然保持领先；当然，可能性不等于必然性，需要政府在要素价格方面给予必要的扶持。

② 当然，如果一个市场并非垄断性的，仅关注特定农产品类别出口额排名前三的国家并不一定满足战略性贸易政策的假定条件。此部分的研究不在于识别哪类农产品市场处于垄断结构，而是首先要锁定各类农产品市场出口额领先的国家，以便后续进一步分析。

年共计15年的HS 01章至24章及51章和52章共26章的出口额进行统计，并按年份对各章出口额进行排序。如图所示，第02、03、04、07、08、10、12、15、19、20、21、22、23、52章共十四章在2002—2016年至少有一次进入出口额前十。本书约定，满足至少12次(含12次)进入前十的品种，即第02、03、04、08、10、15、22、52章在2002—2016年基本位于世界农产品出口排名前十的品种，可作为中国农产品潜在的战略性增长细分农产品。

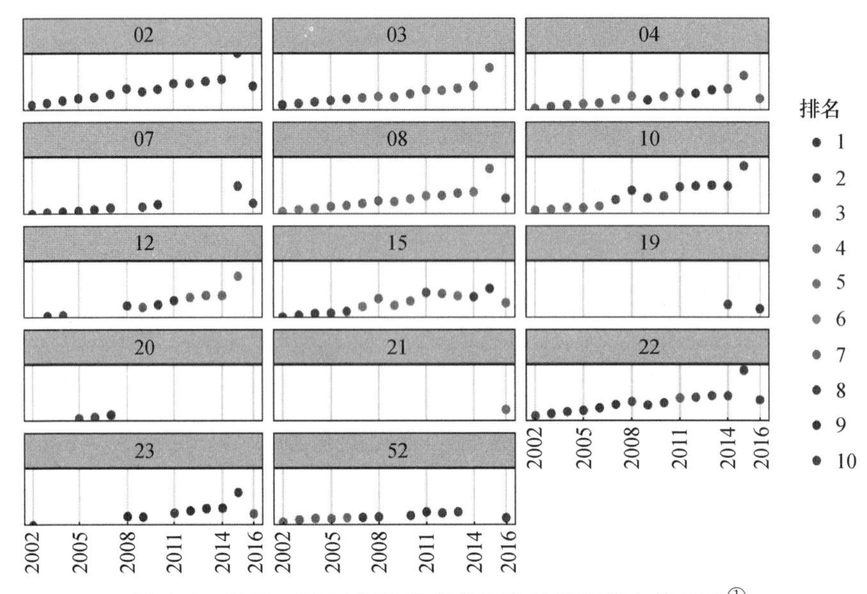

图6.1　2002—2016年世界农产品出口排名前十的品种①

数据来源：根据UN Comtrade资料计算。

① 为作图显示方便，横轴刻度间隔为5。

6.2.2　世界农产品出口种类均值排名前三的国家

从中国的角度看，由于存在比较优势，中国不可能与其他国家在所有农产品类别上构成具有垄断性质的市场竞争，本书主要关注中国领先的世界农产品出口类别与其他国家同类别的比较，而对其他国家已经占据领先地位，但由于要素禀赋差异的原因，中国暂无法在世界农产品市场位居前列的农产品则不予关注。

表 6.1 列示了 2002—2016 年中国农产品对世界出口均值排名前三的各章 HS 编码及对应有关国家排名与出口额均值。[①]

表 6.1　2002—2016 年世界农产品出口种类均值排名前三的国家

（单位：亿美元）

HS类别	国家	排名	出口额
52	中国	1	124.95
52	印度	2	86.44
52	美国	3	69.59
51	意大利	1	26.23
51	澳大利亚	2	22.57
51	中国	3	22.20
20	中国	1	59.03
20	美国	2	43.69
20	荷兰	3	41.001

① 此处仅将世界农产品排名前三中包含中国的有关类别列出。

（续表）

HS 类别	国家	排名	出口额
16	中国	1	64.01
16	泰国	2	54.63
16	德国	3	27.33
13	印度	1	16.42
13	中国	2	11.74
13	美国	3	5.45
07	中国	1	74.27
07	荷兰	2	64.78
07	西班牙	3	55.33
05	中国	1	15.40
05	美国	2	9.35
05	德国	3	7.58
03	中国	1	83.61
03	挪威	2	74.64
03	越南	3	43.43

数据来源：作者根据 UN Comtrade 资料计算。

由表 6.1 可知，2002—2016 年，中国对世界农产品出口均值排名第一的为第 52、20、16、07、05、03 章，共计六章，排名第二的为第 13 章，排名第三的为第 51 章。主要的竞争者包括两类国家：第一类为美国、意大利、荷兰、德国、西班牙；第二类为印度、澳大利亚、泰国、挪威、越南。其中，第一类国家如美国、意大利、荷兰、德国、西班牙五国拥有的排名世界前三的农产品品种较多，是世界农产品主要供应国；而第二类国家印度、澳大利亚、泰国、挪威、越南四国虽然在个别类别构成对中国的有力竞争，但这些国家总体上出口排名世界前三的农产品类别比较少，因而暂不能在总体上对中国农产品出口构成威胁。

6.3　中国农产品在世界出口领先农产品中的比较优势

6.3.1　中国农产品在世界出口领先农产品中的市场份额

2002—2016 年，如表 6.1 所示，中国第 52、20、16、07、05、03、13、51 章八大类农产品对世界出口居于领先地位。图 6.2 描述了 2002—2016 年期间，各年中国农产品出口排名世界前三的市场份额分布情况。

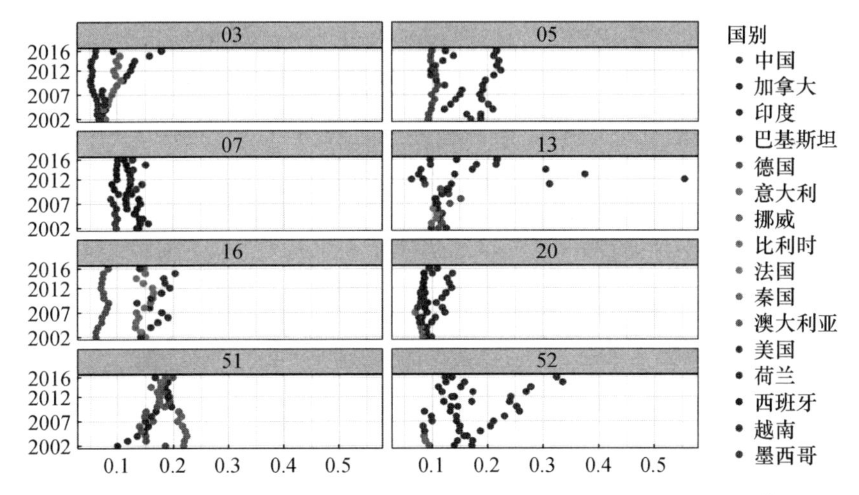

图 6.2　2002—2016 年中国农产品在世界出口领先农产品中的份额①变化

数据来源：根据 UN Comtrade 资料计算。

① 图 6.2 横轴表示市场份额，市场份额分布越靠右，表明该年份市场份额越大。

从世界市场[①]份额分布看，2002—2016 年，第 52 章（棉花）、第 20 章（蔬菜、水果、坚果或植物其他部分的制品）、第 16 章（肉、鱼、甲壳动物、软体动物及其他水生无脊椎动物的制品）及第 05 章（其他动物产品）四章基本保持了市场份额排名第一的地位，这与表 6.1 均值排名的结论基本一致；所不同的是第 07 章均值虽然排名第一，但领先的年份主要在 2014—2016 年这三年，说明中国第 07 章农产品（食用蔬菜、根及块茎）对世界出口后来居上，并进而位居第一。

6.3.2 中国农产品显性比较优势变化趋势

从总体变化均值与标准差看，如表 6.2 所示，显性比较优势均值最高的为第 52 章，达到 4.23，对应的标准差为 0.66；而标准差最高的为第 13 章，达到 1.05，对应的均值为 1.89。均值越高，标准差越小，说明各年比较优势越明显，波动越小，该类农产品比较优势在较高水平保持越稳定。反之，均值越低，标准差越高，则说明各年比较优势越不明显，波动越大，该类农产品比较优势水平越低，且越不稳定。

表 6.2 2002—2016 年中国农产品在世界出口领先农产品中的显性比较优势

HS 类别	RCA 均值	RCA 标准差
52	4.23	0.66
05	3.97	0.36

① 计算时，剔除了以转口贸易为主的中国香港和澳门数据。本书中，中国出口专指中国大陆对世界出口。

（续表）

HS 类别	RCA 均值	RCA 标准差
16	3.31	0.41
51	3.07	0.45
20	2.21	0.29
07	2.15	0.27
03	2.00	0.41
13	1.89	1.05

数据来源：根据 UN Comtrade 资料计算。

逐年各章比较优势变化趋势如图 6.3 所示。

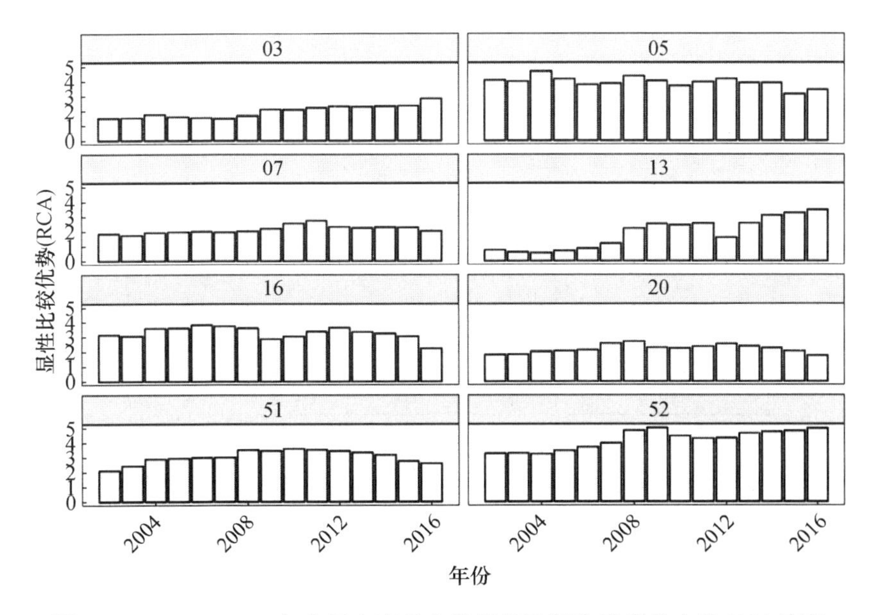

图 6.3　2002—2016 年中国农产品在世界出口领先农产品中的 RCA 变化

根据图 6.3，RCA 总体上排名居前的依次为第 52 章、第 05 章和第 16 章，这三大类农产品各年的 RCA 水平较高，波动不大，表明这些类别的农产品比较优势明显且稳定。而第 13 章，在 2002—2007 年期间，RCA 小于 1，因而显性比较优势不明显，而 2008—2016 年，RCA>1，且呈向上增长趋势，在此期间的比较优势较为明显，总体来看，第 13 章表现为显性比较优势由弱而强，表明该章农产品对世界出口增长强劲。

6.3.3 中国农产品在俄罗斯市场的增长倾向性

借鉴第 5 章增长倾向性研究的倾向性矩阵分析工具，对出口领先的中国农产品在俄罗斯市场的增长倾向性进行分析，如图 6.4 所示。

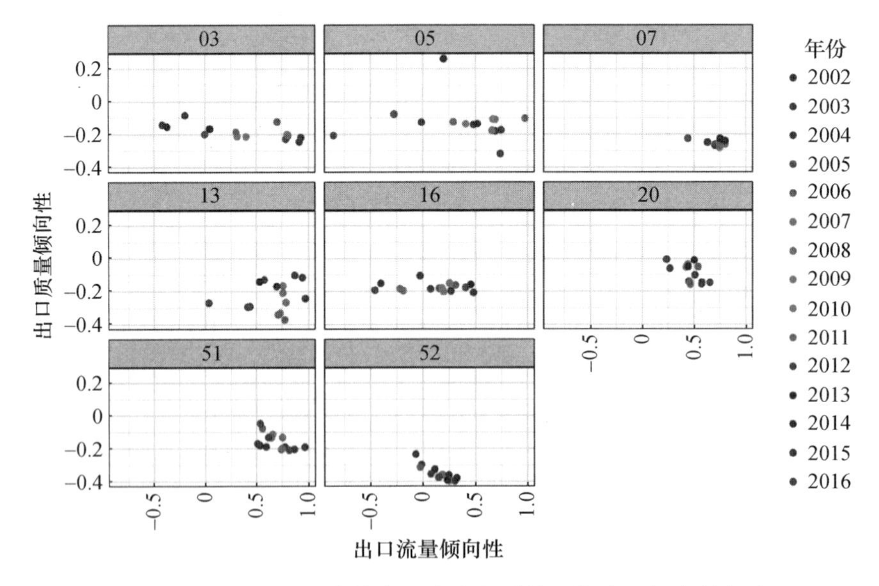

图 6.4 世界市场领先的中国农产品对俄罗斯出口倾向性矩阵

由图 6.4 可知，2002—2016 年，第 52、51、20、13、07 章五章对俄

罗斯出口增长主要沿低技术含量、扩展边际方向。而03、05、16章对俄罗斯出口流量增长倾向性在集约边际与扩展边际之间摆动,出口质量增长的倾向性总体上为低技术含量。这清晰地表明,尽管从世界出口额排名、显性比较优势两方面看,中国前述08章HS 2分位类别农产品在世界出口排名前三且处于领先地位,显性比较优势也较为显著(见表6.2),但由于主要的出口国中国的人均GDP不高,因而这些农产品的技术含量也偏低。特别是第52章(棉花),中国在世界市场的份额增长依赖于扩展边际的贡献程度越高,相应地该章技术含量也越趋于下降,表明中国在第52章的出口可能是低效率的,随着人力成本的不断提高,中国在棉花等低技术含量产品的比较优势消失之前如果不能顺利转型到以高效率、高技术含量农产品为主,就可能会进入"比较优势陷阱"。

另外,与表3.2中的十大农产品①对比可以发现,图6.4所列的八类农产品(除05、51章)基本包括在表3.2中。这表明,在世界出口领先并保持显性比较优势的中国农产品类别,在俄罗斯市场也保持了相似的比较优势和出口增长倾向性。这一事实为进一步研究农产品的战略性贸易增长提供了一种可能,即如果能进一步加大资本和技术投入,做大做强业已在世界保持出口领先和较强比较优势的中国农产品类别,那么,根据战略性贸易政策的基本原理,这些类别的农产品也有可能将进一步巩固其在俄罗斯市场的比较优势和市场地位。

---

① 为了使分析更接近当前情况,主要针对2014—2016年三年间中国农产品出口俄罗斯前十类别进行对比分析。

6.4 潜在战略性细分农产品的识别与合规补贴

6.4.1 潜在的中国农产品战略性细分类别识别

基于比较优势的相对性原理，本书分两种不同情况对 HS 2 分位农产品进行分类。

1. 基于世界市场的中国农产品潜在战略性细分类别识别

第一种情况是基于世界市场，对中国农产品潜在的战略性细分类别进行识别。基于前文的相关分析，在世界出口领先的农产品也可能在特定国家市场具有较强竞争实力，因此，先以世界市场为参照物，计算中国农产品 HS 2 分位的显性比较优势，并将聚类特征值界定为 2002—2016 年的均值和调整后标准差。训练集为除中国外其他 159 个经济体[①]，而学习集为中国。表 6.3 列示了以世界出口市场为参照的各章显性比较优势及聚类结果。

表 6.3 2002—2016 年基于世界市场的中国农产品比较优势分类

比较优势分类	RCA 均值范围	农产品类别
无	<1	01、02、04、06、08、09、10、11、12、15、17、18、19、21、22、23、24
较弱	[1.99, 2.21]	03、07、13、14、20
较强	[3, 3.31]	16、51
强	[3.96, 4.23]	52、05

① 基于数据一致性和可获得性，本书 160 个经济体为联合国贸易数据库及世界银行 WDI 指标在 2002—2016 年期间均可获得的国家和地区，中国数据以大陆为主，剔除了以转口贸易为主的香港和澳门地区。

根据表6.3分类结果，在世界市场，2002—2016年中国农产品显性比较优势最强为第52章、第05章，由本章前述相关分析可知，该两章也是中国农产品在2002—2016年期间基本保持世界出口第一的农产品；其次，第16章、第51章也是中国农产品出口世界领先的类别。这说明，通过K-means聚类分析所得到的比较优势分类与表6.1和表6.2根据实际出口数据观察所得到的结论一致。

2. 基于俄罗斯市场的中国农产品潜在战略性细分类别识别

第二种情况是基于俄罗斯市场，对中国农产品潜在的战略性细分类别进行识别。一国可能由于地缘优势、要素价格的异质性而使得产品在不同的国家市场显性比较优势存在差异。因此，这里以俄罗斯市场为参照物，参照第一种情况对训练集、学习集的设置规则，计算中国农产品对俄罗斯出口的各章显性比较优势。

表6.4 2002—2016年基于俄罗斯市场的中国农产品比较优势分类

比较优势分类	RCA均值范围	农产品类别
无	<1	02、03、04、05、06、08、09、11、15、17、18、19、21、22、23、24
较弱	[1.83，1.91]	10、13
较强	[2.69，4.04]	07、12、14、20、51
强	[5.00，5.27]	16、52

根据表6.4分类结果，在俄罗斯市场，2002—2016年中国农产品显性比较优势最强的是第52、16章，其次是第07、12、14、20、51章。表6.4的分类结果表明，在不同的国别市场，同样类别农产品的显性比较优势会有差异。

对比表6.4和表6.3，第52、16章不但是中国农产品在俄罗斯市场内具有最强显性比较优势的品种类别，而且在世界范围也是表现出极强显性比较优势的品种。基于160个经济体全部比较优势数据变化规律所得到的分类结果进一步印证了，中国农产品如果在世界具有较强的比较优势，那么在特定市场（比如俄罗斯）的出口额增长也会和中国在世界市场上有类似的竞争优势，尽管这种竞争优势体现为扩展边际与中低技术含量的增长倾向性（见图6.4）。[①]

6.4.2 对俄罗斯出口潜在战略性细分农产品类别识别结果

综合表6.3、表6.4的分类结果，可以得到一个简单的结论，即2002—2016年中国农产品出口类别中，第52章在俄罗斯市场和世界市场上都拥有最强的显性比较优势。而第16、51章也有较强的显性比较优势；尽管第05章是中国对世界出口领先的农产品，在世界市场的显性比较优势也较大，但在俄罗斯并没有表现出较强的比较优势和竞争实力。因此，如果以显性比较优势的均值和波动这两个指标来测度一段时期中国农产品在俄罗斯市场的比较优势，那么据此得到潜在的战略性细分产业最可能的是第52章，其次是第16、51章。

6.4.3 对俄罗斯出口潜在战略性细分农产品的合规补贴

根据战略性贸易政策理论的基本分析逻辑，政府往往只关注业已存在的具有垄断地位的企业，并对其进行补贴。但对发展中国家

① 第16章技术含量虽然是“摆动”的，但右偏的数据明显多于左偏，因此，总体上也遵循扩展边际增长路径。

而言，某些产业具备成为未来战略性产业的潜在实力，为了避免“比较优势陷阱”，政府对这些关键性产业走出国门、开拓市场提供支持也是必要的。

从战略性贸易政策的特征看，如果一种农产品具备战略性贸易增长的可能，那么，其最核心的是有关该种农产品在市场中的“租”的大小，从技术含量看，棉花技术含量在所有中国农产品出口领先产品类别中是最低的，其次是第 16、51 章（见图 6.4）。而中国棉花的出口虽然世界第一，但国内棉花生产企业在世界范围内没有形成市场垄断性地位，第 16、51 章也存在类似问题。因此，如果将第 52、16、51 章视为潜在的战略性贸易细分产业，那么，必须考虑制定相应产业政策，以确定如何从要素层面对这些细分农产品进行补贴，并通过兼并，资源整合，形成具有世界市场定价能力的超大型农产品生产与加工企业。

在农产品领域，如果要对一个潜在的细分市场战略性产品比如第 52 章进行“要素补贴”，那么这种补贴政策应当是全方位的、系统性的政策组合。同时，由于可能的市场扭曲存在，并非所有要素禀赋的扶持必然都导致相关目标产业产量的增加，这一事实表明，在全方位要素补贴的同时，也要注重要素补贴政策的“针对性”。

通常对农产品补贴一般倾向于不对农产品市场结构和贸易产生显著扭曲的“支持性”补贴，很少采取显著扭曲农产品市场结构和贸易的“保护性”补贴措施。但如何对本书所指的潜在战略性细分产业进行扶持和补贴，相关文献较少涉及。

与传统的对农产品补贴不同，本书主张对农业中潜在的战略性细分类别进行要素补贴，以形成具有国际竞争力的符合战略性贸易政策的产业。从 WTO 有关农业补贴方式来看,“保护性”补贴政策针对本国没有自生能力或者自生能力较低的农产品,而“支持性”补贴政策并没有针对特定的细分产品,而是针对农业发展的公共要素进行补贴。这一事实表明,对潜在战略性类别的要素补贴不是“保护性”的,而是“支持性”的,但这种“支持性”补贴政策也不是不加区分地面向所有农产品,而是基于被补贴细分类别判定是否为潜在战略性产品,是否具有“租”的增长空间,是否具有产生较高外部性的潜力,这是对潜在战略性贸易产品实施要素补贴与一般农业补贴政策的最大不同。一般的支持性农业补贴政策对公共要素不加区别地进行补贴,而本书对潜在战略性贸易类别发展所需要素的补贴,是一种“精准”补贴,因而可能更有效率。

对于政府补贴利益随价值链有效传导至产品上游而进行的要素补贴(李仲平,2011),尽管这种“上游补贴措施”实现了最终产品的制造成本的有效利益补偿,因而,同本书提出的对潜在战略性细分类别进行的要素补贴有部分相似之处,即都是对要素进行补贴,但两者也存在重大差异。首先,上游补贴的主要目的是通过价值链传导实现对最终产品的“补贴”,这种“补贴”行为并非基于企业自生能力和比较优势的考虑,因而会对市场产生扭曲作用。而对潜在战略性贸易产业的要素补贴完全遵从市场规律,对市场结构的扭曲很少。事实上,只要基于比较优势和企业自生能力,对市场的扭曲作用就会降到最低,甚至不存在扭曲。其次,基于比较优势对潜在战略性贸易产业的要素补贴与一国产业政策在逻辑上是一脉相承的,而“上游补贴”在实践中,更多的是政府在特定环境下为保护本国特定产业而实施的,其目的是以一种隐蔽的方式实施对特定产业的补贴,旨在规避

WTO反补贴规则，因而，这种“上游补贴”更多时候是一种“权宜之计”，而非产业政策使然。

以上分析表明，基于比较优势分析而对潜在战略性贸易类别进行的要素补贴与所谓“上游补贴”“绿箱政策补贴”“黄箱政策补贴”等在本质上是不同的。因此，对潜在战略性产品类别的要素补贴并不违背WTO反补贴规则。当然，判断一个细分产品是否为潜在战略性贸易产品，是本书研究最核心的问题之一，如果判断错误，对不合格的农产品细分产品以扩大出口为目的实施补贴，则可能导致违背WTO《补贴与反补贴措施协议》。

因此，在“一带一路”倡议这个总的框架下，在合理规避WTO反补贴机制的前提下，相关农业产业政策的制定应当围绕如何有针对性地对潜在战略性产品类别进行要素补贴，充分发挥市场的资源配置功能等方面统筹规划，有序进行。据此制定的相关产业政策，本身也将构成“一带一路”倡议下的政策体系的有机组成部分，并可以同沿线国家各自的农业发展战略进行有效对接，实现多赢。

本章小结

将战略性贸易政策理论引入农产品的增长研究，是比较优势分析的一个合理延伸。本章讨论农产品的战略性增长可能性。结合战略性贸易政策基本原理，先分析中国在世界市场出口领先农产品的分布与特征；然后运用增长倾向性矩阵分析出口领先农产品在俄罗斯市场增长特征。在此基础上，引出潜在战略性贸易细分产品类别存在性假设和识别方法，基于比较优势原理，采用 K-means 聚类算法分别从世界市场与俄罗斯市场两方面对中国农产品显性比较优势进行分类，据此得到可能的潜在战略性细分农产品。同时，本章对如何扶持潜在战略性贸易细分农产品，从要素层面予以补贴，从而避免违背世贸组织有关规定，进行了初步探讨。

第7章　区域经济合作背景下扩大中国农产品对俄罗斯出口

无论世界局势如何变化，这种变化总离不开各种贸易协定及其背后盘根错节的利益格局。自特朗普2017年成为美国总统以来，先后退出了包括TPP在内的若干国际性贸易协定，“逆全球化”一时间成为美国这个曾经全球化最积极推动者的新名片。与之相反，中国适时提出了“一带一路”倡议与“人类命运共同体”呼吁，[①]成为继续推动全球化与区域贸易自由化的中流砥柱之一。在这一背景下，也只有在这一背景下，中国与俄罗斯两个大国间的双边贸易（包括本书所研究的农产品）才更具有现实意义。本章将对区域经济合作背景下的中国农产品对俄出口增长所面临的问题进行探讨。

① 人类命运共同体指在追求本国利益时兼顾他国合理关切，在谋求本国发展中促进各国共同发展。人类只有一个地球，各国共处一个世界，要倡导“人类命运共同体”意识。2018年3月11日，第十三届全国人民代表大会第一次会议通过的《中华人民共和国宪法修正案》，将序言第十二自然段中“发展同各国的外交关系和经济、文化的交流”修改为“发展同各国的外交关系和经济、文化交流，推动构建人类命运共同体”。

7.1 “一带一路”沿线主要国家区域合作现状

整个世界的贸易关系可以看成一个相互联系、相互作用的贸易网络，每一个国家可以视同为该网络的“节点”，而国家与国家之间的双边贸易协定①则定义为网络的“边”。社会与经济学领域的大部分网络，具有“小世界”网络特征。（Watts & Strogtaz，1998）本章以“一带一路”沿线十个主要国家②作为一个特定区域，再加上区域外影响较大的美国、韩国与日本三国，连同中国一共十四个国家，构成一个区域性的网络。在该网络中，“节点”为各国，“边”为各国加入的区域贸易协定，这些区域贸易协定界定了各国双边或多边的贸易关系。

7.1.1 “一带一路”沿线主要国家签订的区域贸易协定

“一带一路”沿线主要国家包括新加坡、俄罗斯、印度尼西亚、哈萨克斯坦、老挝、阿拉伯联合酋长国、缅甸、巴基斯坦、印度及蒙古。截至2015年，中国对这些国家的投资存量位居中国对“一带一路”沿线国家投资存量的前十位。根据已有文献，区域贸易协定③具体主要包括特惠关税区、自由贸易区、关税同盟和经济一体化等主要类型。在本章中，主要考虑前三种形式所构造的区域贸易协定网

① 在具体构造网络时，既包含双边协定也包含多边协定。

② 商务部《中国对外投资合作发展报告(2016)》将中国对外累计投资存量排名前十国家界定为“一带一路”沿线主要国家。

③ 分类援引自WTO官方网站。

络。截至2016年年底,有关国家间签署的主要区域性贸易协定如下表所示:[①]

表7.1 中国、日本、韩国、美国和"一带一路"沿线主要国家的区域贸易协定

协定名称	生效时间	协定类型	签署国家
亚太贸易协定(APTA)	1976年6月	1	中国、孟加拉、印度、老挝、韩国、斯里兰卡
东盟自由贸易区(AFTA)	1992年1月	2	印度尼西亚、马来西亚、菲律宾、新加坡、泰国、文莱、越南、老挝、缅甸、柬埔寨
南亚优惠贸易安排(SAPTA)	1995年12月	1	印度、巴基斯坦、斯里兰卡、孟加拉、尼泊尔、不丹、马尔代夫
欧亚经济共同体(EAEC)	1997年10月	3	俄罗斯、白俄罗斯、哈萨克斯坦、吉尔吉斯斯坦、塔吉克斯坦
俄白哈关税同盟	1997年12月	3	俄罗斯、白俄罗斯、哈萨克斯坦
日本—新加坡	2002年11月	2	日本、新加坡
美国—新加坡	2004年1月	2	美国、新加坡
东盟—中国	2005年1月	2	东盟、中国
印度—新加坡	2005年8月	2	印度、新加坡
南亚自由贸易协定(SAFTA)	2006年1月	2	印度、巴基斯坦、斯里兰卡、孟加拉、尼泊尔、不丹、马尔代夫
韩国—新加坡	2006年3月	2	韩国、新加坡
巴基斯坦—中国	2007年7月	2	巴基斯坦、中国
东盟—日本	2008年12月	2	东盟、日本
日本—印度尼西亚	2008年7月	2	日本、印度尼西亚
中国—新加坡	2009年1月	2	中国、新加坡
东盟—印度	2010年1月	2	东盟、印度
韩国—印度	2010年1月	2	韩国、印度

① 根据WTO网站,自行整理。

（续表）

协定名称	生效时间	协定类型	签署国家
东盟—韩国	2010 年 1 月	2	东盟、韩国
日本—印度	2011 年 8 月	2	日本、印度
美国—韩国	2012 年 3 月	2	美国、韩国
海合会—新加坡	2013 年 9 月	2	海合会、新加坡
中国—韩国	2015 年 12 月	2	中国、韩国
蒙古—日本	2016 年 6 月	2	蒙古、日本

注：协定类型中“1”表示 特惠关税协定；“2”表示自由贸易协定；“3”表示关税同盟。

由表 7.1 可知，绝大部分双边贸易协定为自由贸易协定。新加坡是签署区域双边贸易协定最为积极的国家，同时也是“一带一路”沿线主要国家中，中国投资存量最多的国家。[①] 俄罗斯也是“一带一路”沿线非常重要的国家，但它除同哈萨克斯坦签有关税同盟协定外，与中国及“一带一路”沿线主要国家之间基本没有类似的区域性贸易自由安排。

美国、日本和韩国作为“一带一路”域外国家，仍然对“一带一路”区域有着十分重要的影响。韩国与海合会国家达成了自由贸易协定，而日本则成为内陆国家蒙古唯一的自由贸易伙伴。[②] 美国作为世界最大的经济体，其自由贸易的重心主要在北美自由贸易区，而在“一带一路”区域，反而相对保守，仅同新加坡签有自由贸易协定。

① 截至 2015 年，根据商务部统计数据计算。

② 海合会是指海湾阿拉伯国家合作委员会，是海湾地区最主要的政治经济组织，简称海湾合作委员会或海合会。海合会成立于 1981 年 5 月，总部设在沙特阿拉伯首都利雅得，成员国包括阿联酋、阿曼、巴林、卡塔尔、科威特和沙特阿拉伯、也门。

7.1.2 区域贸易“网络”的“小世界”特征

区域贸易协定正在成为全球多边贸易自由化进展缓慢后的一个新的选择，且不同国家间各种区域贸易协定相互交叉，呈现出“小世界”网络化特征。根据 Watts & Strogtaz(1998)关于“小世界”网络模型的定义，如果一个网络具有较短的平均路径长度，同时又具有较高的聚类系数，那么，这个网络就是一个“小世界”网络。由于区域性贸易协定所构成的“边”不具有方向性，且假定各协定所构成的“边”的权重是相同的。因此，在本书中，基于区域性贸易协定的“小世界”网络是一个无向无权网络模型。①

对于网络特征的刻画，有很多种方法，本书主要采用以下两种常见的测度指标：②

(1) 平均路径长度

网络平均路径长度 L 表示网络中所有节点距离的平均值，L 越大，表示网络平均分离程度越高，反之则越小。对于无向无权网络，L 计算公式如下：

$$L = \frac{2}{N(N-1)}\sum_{i\geqslant j}^{N} d_{ij} \tag{7-1}$$

N 表示节点数，d_{ij} 表示 i、j 两个节点间的距离，定义为从节点 i 到节点 j 所需要经过的“边”的最小值。

---

① 即各节点之间的连接没有方向性，且各边的权重也相等。

② 网络特征定义及计算公式转引自王开，靳玉英.区域贸易协定发展历程、形成机制及其贸易效应研究[M].上海：格致出版社，上海人民出版社，2016。

（2）聚类系数

聚类系数 C_i 定义为同节点 i 直接相连的其他节点“边”的实际值与最大可能值的比值。C_i 计算公式如下：

$$C_i = \frac{2E_i}{k_i(k_i - 1)} \tag{7-2}$$

E_i 表示与节点 i 直接相连的“边”的实际值，k_i 表示所有与节点 i 相连的节点数。C_i 越大，表示节点 i 的聚集程度越高，反之，则表示节点 i 的聚集程度越低。节点 i 的聚类系数反映了节点 i 在整个网络中的“地位”。

7.1.3 “一带一路”沿线主要国家区域贸易网络架构

“一带一路”包括“丝绸之路经济带”与“海上丝绸之路”两块，尽管合称为“一带一路”，但从网络分布特征看，两者并没有有机联通。本章将“一带一路”沿线主要国家作为节点，以这些国家间是否达成双边、多边区域贸易协议（包括特惠贸易协定、自由贸易协定与关税同盟）为“边”，构造“一带一路”沿线主要国家区域贸易网络。

由图 7.1 可知，从地缘看，日本和韩国都是中国“一带一路”倡议的有力竞争者和可能的合作者，而美国作为世界最大的经济体，虽然没有加入“一带一路”倡议，但其对“一带一路”倡议的影响依然巨大。因此，为了使得所构造网络更合理，将美国、日本和韩国三国一并纳入。属于“一带”的俄罗斯与哈萨克斯坦单独成为一边，与属于“一路”的其他国家不存在区域贸易协定，处于相对独立状态。蒙古仅与日本签有区域贸易协定，因而，通过日本与“一路”的其他国家得以联结起来。图 7.1 所构造的网络聚集性较高，聚集度为 0.8272，而各节点的平均距离为1.51，符合Watts & Strogtaz(1998)关于“小世界”网络模型的假说，即网络各节点非常靠近，聚集程度较高。[①]

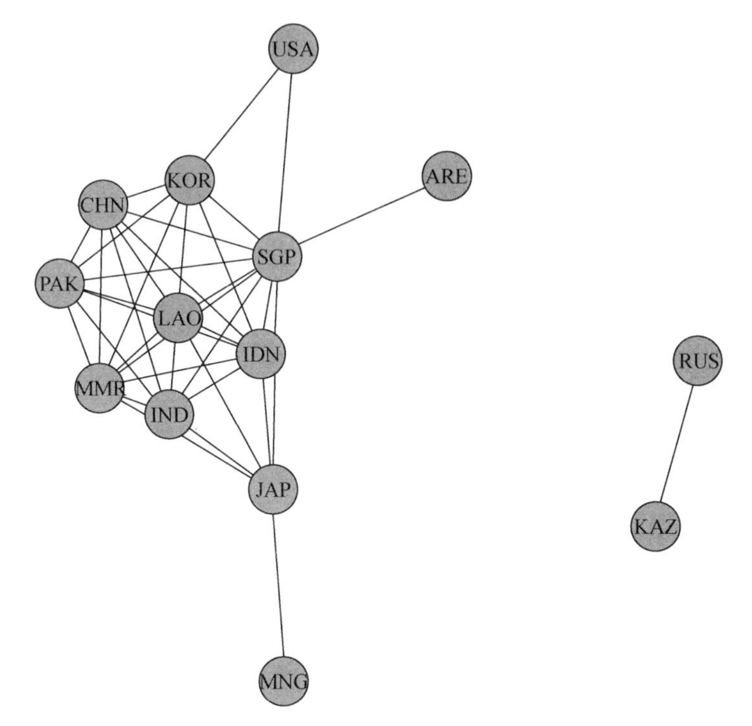

图7.1 “一带一路”沿线主要国家及日、韩、美的区域贸易协定网络分布

注：USA：美国；ARE：阿拉伯联合酋长国；RUS：俄罗斯；KAZ：哈萨克斯坦；MNG：蒙古；JAP：日本；IND：印度；MMR：缅甸；PAK：巴基斯坦；CHN：中国；KOR：韩国；LAO：老挝；SGP：新加坡；IDN：印度尼西亚。

图7.2给出了各节点的联结强度，该强度的权重采用双边或多边区域贸易协定的签订数量，即如果某节点协议签订数量越多，则该节点在网络中的联结强度越高。

① 显然，图7.1的网络模型中的聚集度与节点平均距离都是针对“海上丝绸之路”经济带，而俄—哈处于孤立点。

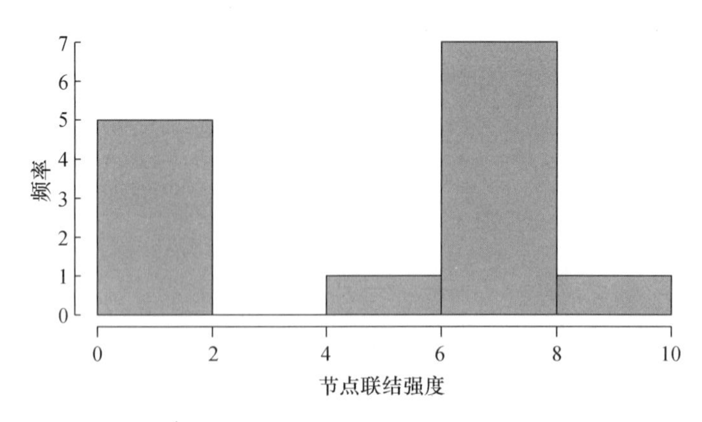

图 7.2 "一带一路"沿线主要国家及日、韩、美贸易协定网络节点联结强度

图 7.2 表明，大部分的节点联结强度在 6—8，共七个国家，而节点联结强度最高的为 10，且只有一个国家即新加坡，这表明，在这个区域性的网络中，新加坡是最活跃、最积极的"节点"，连通性最高。

图 7.1 和图 7.2 清晰地将"一带一路"沿线主要国家区域贸易双边和多边关系勾勒出来。显然，从网络联系看，中国与"一路"有关国家联系更加紧密，而与"一带"有关国家联系相对较弱。特别是，俄罗斯作为"一带一路"沿线最重要的国家，中国对俄罗斯的投资存量在"一带一路"沿线主要国家中排名第二，两国双边区域贸易协定的缺位可能成为中国农产品出口俄罗斯进一步增长的阻碍。

7.1.4 俄罗斯接入"一带一路"沿线主要国家区域贸易网络后的变化

图 7.1 表明，俄罗斯与哈萨克斯坦存在区域贸易协定，但与"一带一路"沿线其他主要国家并没有签署有关区域贸易协定。本部分假定俄罗斯与其他国家签署有关自由贸易协定，据此分析有关网络

的节点集聚程度与节点平均距离的变化特点。

经济自由度衡量了一国市场化程度和贸易便利程度。一般而言，经济自由度越高，表明该国市场化程度越高，贸易便利化程度也越高。表 7.2 假定俄罗斯同中国及“一带一路”沿线主要国家签订自由贸易协定，即“一带”国家中的俄罗斯—哈萨克斯坦组合与“一路”国家中的中国、缅甸、老挝、巴基斯坦、印度、印尼、蒙古、阿联酋及新加坡九国的区域贸易协定网络联通，所构成的新的区域贸易协定网络可能的变化。为了便于与图 7.1 对比，将美国、日本、韩国三个域外国家也纳入网络分析范围。

表 7.2　俄罗斯接入“一带一路”沿线主要国家区域贸易合作后区域贸易网络的变化

国家	经济自由度（2016）	俄罗斯经济自由度（2016）	经济自由度离差	节点强度	节点平均距离
新加坡	87.80	50.60	37.20	0.7913	1.7692
缅甸	48.70	50.60	−1.90	0.7976	1.8132
老挝	49.80	50.60	−0.80	0.7976	1.8132
印度	56.20	50.60	5.60	0.7976	1.8132
印尼	59.40	50.60	8.80	0.7976	1.8132
韩国	71.70	50.60	21.10	0.7976	1.8352
中国	52.00	50.60	1.40	0.8008	1.8571
巴基斯坦	55.90	50.60	5.30	0.8008	1.8571
日本	73.10	50.60	22.50	0.8040	1.8571
美国	75.40	50.60	24.80	0.8171	1.9670
蒙古	59.40	50.60	8.80	0.8204	2.0769
阿联酋	72.60	50.60	22.00	0.8204	1.9890
哈萨克斯坦	63.60	50.60	13.00	0.8272	1.5075

表 7.2 假定俄罗斯分别从不同的国家节点接入图 7.1 所示网

络，其中，俄罗斯从哈萨克斯坦的节点“接入”后与原图 7.1 相比没有任何变化，这是因为哈萨克斯坦同俄罗斯一样，并没有与中国等九个“一路”国家达成自由贸易协定。由表 7.2 可知，俄罗斯从不同的国家节点接入，节点强度和平均距离并非连续变化，而是分层跳跃。如果以经济自由度所处区间来划分节点强度层次，可以发现，“一路”区域沿线主要国家的经济自由度[①]与俄罗斯相差并不显著，除与新加坡、阿联酋相差超过 20 以上，其他大部分都在 10 以内（与哈萨克斯坦相差达 13），说明由“一路”区域沿线主要国家所构成的区域贸易协定网络具有“南南”合作的特征。而域外国家美国、日本、韩国的经济自由度均在 70 以上，俄罗斯与该三国的经济自由度差距也在 20 以上，可见，俄罗斯同该三国的异质性差异要高于同“一路”区域沿线主要国家。

相应地，俄罗斯接入“一路”区域贸易合作网络后，网络节点强度较接入前有所下降，各节点平均距离则较接入前有所增加，表明接入后，整个网络集聚程度有所降低，这说明要使得俄罗斯—哈萨克斯坦为代表的“一带”区域贸易合作网络同以新加坡、缅甸等东盟国家为代表的“一路“区域贸易合作网络实现有效对接，并且在对接后整个网络的集聚性更加紧密，中国可以起到联结“一带”与“一路”枢纽的关键作用。从中国“一带一路”倡议出发，首先，中国应当同俄罗斯达成自由贸易协定，并沿“一带”方向，与沿线哈萨克斯坦等其他国家尽快缔结自由贸易协定；其次，中国可以促使俄罗斯等“一带”国家与新加坡、缅甸等“一路”国家尽快达成双边、多边区域贸易协定，从而使

① 经济自由度数据来源于美国传统基金会官网。

"一带一路"沿线主要国家融合为一个整体性的区域贸易合作网络架构。

当"一带一路"沿线主要国家的区域贸易合作网络架构达成后，可以此为基础，辐射到整个"一带一路"国家，并与世界其他区域贸易合作网络实现对接。从这一点说，率先构建的"一带一路"沿线主要国家的区域贸易合作网络是整个"一带一路"区域贸易网络的"垫脚石"和推手。

7.2 中俄"农产品自然贸易伙伴"与区域贸易集中度的度量

回到中俄双边贸易的农产品领域，中国与俄罗斯是否是"自然贸易伙伴"①？本部分将计算中国农产品对俄罗斯出口的区域贸易集中度，作为对比，同时也计算中国农产品对东盟出口的区域贸易集中度。中国与俄罗斯没有自由贸易协定，而中国与东盟则互为自由贸易伙伴。

7.2.1 "自然贸易伙伴"与区域贸易集中度的测定

区域贸易集中度（regional intensity of trade, RIT）由 Yeats(1997)提出，度量一个区域内各国相互贸易相对于区域外其他国家贸易的集中度，以及区域内特定国家产品出口份额增长情况。

① "自然贸易伙伴"由 Schiff M. Will(2001)提出。

$$R_{ij}^{k} = \frac{X_{ij}^{k}/X_{i}^{k}}{X_{ij}/X_{i}} \tag{7-3}$$

R_{ij}^{k}表示i国对j国出口农产品k时的贸易集中度，X_{ij}^{k}表示i国对j国出口农产品k贸易额，X_{i}^{k}表示i国在全世界出口农产品k贸易额。X_{ij}表示i国出口j国全部农产品贸易额，X_{i}表示i国在全世界出口农产品贸易总额。R_{ij}^{k}越大，表明i国农产品k出口越集中于j国市场。如果比较不同时期的R_{ij}^{k}（此时，k表示i国对j国出口的产品集），那么可以比较分析出口产品在目标市场的集聚增长快慢。

通过区域贸易集中度指数（RIT），可以判断一国与另一国形成"自然贸易伙伴"的可能性有多大，从而有助于进一步分析两国达成自由贸易协定的意愿大小。文献表明，如果两国双边贸易具有"自然贸易伙伴"特征，那么，在缔结自由贸易协定后，"贸易创造"效应会大于"贸易转移"效应，因而，两国福利都可能因自由贸易协定而增长。

7.2.2 区域贸易集中度的度量——中国与俄罗斯及东盟的对比分析

本节将对比分析中国农产品对俄罗斯出口的集中度与中国农产品对东盟出口的集中度。由于中国与东盟已经签订自由贸易协定，而中国与俄罗斯截至2017年年底暂时没有签订类似自由贸易协定，因此，通过对两者的区域贸易集中度指数的对比分析，有助于了解自然贸易伙伴关系及其对自由贸易协定可能的影响。

截至2016年，中国与俄罗斯尚未签订双边自由贸易协定，本书将计算中国与东盟十国自由贸易协定下的叶芝RIT指数（Yeats，1997），并将其与中国与俄罗斯的RIT指数进行对比分析。表7.3计算的是 RIT 的绝对量,但单从绝对量得到的信息有限。一般文献对 RIT 指数的分析采用不同时期的比值,即分析相对值。2013 年中国提出“一带一路”倡议,因此,本书选择 2013 年为基准,计算 2014—2016 年 RIT 相对 2013 年的比值。

表 7.3　中国农产品出口区域集中度:出口俄罗斯与出口东盟十国

HS 类别	中国对俄罗斯					中国对东盟十国				
	2002	2013	2014	2015	2016	2002	2013	2014	2015	2016
01	0.00	0.00	0.00	0.00	0.00	0.02	0.00	0.00	0.00	0.00
02	9.81	0.21	0.99	1.02	0.15	0.80	0.44	0.44	0.40	0.23
03	0.03	0.44	0.43	0.23	0.31	0.25	0.61	0.81	1.00	0.85
04	0.11	0.06	0.10	0.00	0.00	0.69	0.42	0.56	0.44	0.37
05	0.31	0.04	0.04	0.06	0.05	0.30	0.60	0.69	0.82	1.00
06	0.19	0.08	0.06	0.10	0.14	0.39	0.29	1.84	0.27	0.29
07	1.00	1.69	2.13	2.44	2.01	1.22	1.21	1.31	1.26	1.25
08	3.75	3.33	2.96	3.15	3.40	2.54	1.96	1.91	1.92	1.77
09	1.05	1.53	1.31	1.17	1.00	0.92	0.48	0.43	0.46	0.65
10	1.57	0.32	0.50	0.32	0.28	2.44	0.47	0.49	0.61	0.55
11	0.17	0.18	0.08	0.07	0.08	2.35	1.35	1.35	1.29	1.42
12	1.73	0.41	0.49	0.42	0.35	1.09	0.62	0.60	0.59	0.43
13	0.20	0.95	1.33	1.63	1.70	1.32	0.54	0.51	0.45	0.43
14	0.01	0.24	0.23	0.18	0.29	0.29	0.28	0.20	0.15	0.17
15	0.06	0.38	0.32	0.26	0.30	0.46	0.55	0.55	0.42	0.42
16	0.80	0.90	0.84	0.73	0.61	0.37	0.53	0.38	0.37	0.41
17	0.65	1.42	1.20	1.06	0.86	2.63	1.48	1.46	1.57	1.62
18	2.89	0.18	0.74	0.11	0.42	0.86	0.89	0.87	0.85	0.86
19	0.50	0.48	0.49	0.41	0.64	0.76	0.57	0.54	0.50	0.52
20	1.40	2.33	2.38	2.28	2.31	0.64	0.53	0.51	0.52	0.53
21	0.50	1.61	1.50	1.15	1.01	0.91	1.01	0.99	1.00	0.97
22	0.02	0.34	0.20	0.11	0.09	0.26	0.36	0.54	0.25	0.21

（续表）

HS类别	中国对俄罗斯					中国对东盟十国				
	2002	2013	2014	2015	2016	2002	2013	2014	2015	2016
23	0.02	0.74	0.66	0.85	0.82	1.66	0.60	0.91	0.68	0.81
24	2.66	0.51	0.31	0.26	0.31	2.45	1.43	1.44	1.22	1.23
51	0.06	0.43	0.47	0.38	0.35	0.62	0.81	0.86	0.89	0.94
52	0.23	0.50	0.43	0.30	0.38	0.96	1.31	1.26	1.20	1.23

由表7.4可知，尽管中俄尚未签订自由贸易协定，自2013年“一带一路”倡议提出以来，中国出口农产品集中的第02、07、12、13、18、19和20章的RIT指数的三年平均值均大于等于1，且这些类别的农产品出口俄罗斯市场份额的增长高于同期中国农产品出口东盟十国市场份额的增长，表明这部分中国农产品对俄罗斯出口贸易集聚趋势明显，且高于已与中国签订自由贸易协定的东盟十国。可见，中国农产品在这些类别上同俄罗斯存在“自然贸易伙伴”关系。文献表明，具有“自然贸易伙伴”关系的两国在签订自由贸易协定后发生贸易转移的概率较低，因而，如果中俄能尽快就农产品达成自由贸易协定，推进贸易便利化，则中国农产品对俄罗斯出口潜力会得到进一步的挖掘。

表7.4　中国农产品出口俄罗斯和东盟十国的市场份额增长对比

HS类别	中国对俄罗斯				中国对东盟十国			
	三年平均	2014	2015	2016	三年平均	2014	2015	2016
01	0.00	0.00	0.00	0.00	0.00	0.00	0.00	0.00
02	3.37	4.63	4.79	0.71	0.81	1.00	0.92	0.52
03	0.74	0.99	0.53	0.70	1.45	1.32	1.63	1.38
04	0.57	1.65	0.02	0.03	1.07	1.32	1.03	0.87

(续表)

HS类别	中国对俄罗斯				中国对东盟十国			
	三年平均	2014	2015	2016	三年平均	2014	2015	2016
05	1.24	0.97	1.47	1.30	1.40	1.15	1.37	1.68
06	1.30	0.78	1.31	1.82	2.76	6.36	0.92	1.00
07	1.30	1.26	1.44	1.19	1.05	1.08	1.05	1.03
08	0.95	0.89	0.95	1.02	0.95	0.98	0.98	0.90
09	0.76	0.86	0.76	0.65	1.07	0.90	0.95	1.36
10	1.16	1.56	1.02	0.88	1.17	1.05	1.30	1.16
11	0.44	0.45	0.41	0.48	1.00	1.00	0.95	1.05
12	1.01	1.19	1.01	0.84	0.88	0.98	0.96	0.70
13	1.64	1.40	1.72	1.80	0.86	0.95	0.83	0.80
14	0.97	0.94	0.75	1.21	0.63	0.73	0.54	0.63
15	0.78	0.86	0.69	0.79	0.85	1.01	0.77	0.77
16	0.80	0.93	0.81	0.67	0.72	0.70	0.69	0.77
17	0.73	0.84	0.75	0.61	1.04	0.99	1.06	1.09
18	2.35	4.10	0.63	2.32	0.97	0.97	0.96	0.97
19	1.08	1.03	0.86	1.34	0.91	0.94	0.87	0.91
20	1.00	1.03	0.98	0.99	0.97	0.96	0.97	0.99
21	0.76	0.93	0.71	0.63	0.98	0.98	1.00	0.96
22	0.38	0.58	0.31	0.25	0.93	1.51	0.68	0.59
23	1.05	0.90	1.15	1.11	1.33	1.51	1.14	1.35
24	0.58	0.62	0.51	0.61	0.91	1.01	0.85	0.86
51	0.93	1.09	0.88	0.81	1.11	1.06	1.10	1.16
52	0.74	0.86	0.61	0.75	0.94	0.96	0.92	0.94

7.2.3 “自然贸易伙伴”关系对促进中国农产品输俄增长的影响

如果两国符合“自然贸易伙伴”条件，那么两国达成自由贸易协定后的双边贸易增长将比较迅速。(Wonnacott & Lutz，1989)余振等

(2014)对中国与俄罗斯就自由贸易协定达成的可能性研究表明,如果中国与俄罗斯签订自由贸易协定,对双边农产品贸易增长有较大的促进作用。

从农产品贸易的具体类别看,如上一节所示,中国农产品对俄出口部分类别显示出增长集聚性,共有02、05、06、07、10、12、13、18、19、20及23共十一章的相对RIT指数大于1,而同期,中国农产品对东盟十国出口类别中有03、04、05、06、07、09、10、11、17、23及51共十一章的相对RIT指数大于1。从出口绝对额看,东盟是中国农产品出口的主战场,但对比中国农产品出口俄罗斯、中国农产品出口东盟十国的相对RIT指数,可以发现,中国农产品出口俄罗斯增长集聚性同中国农产品出口东盟比较类似,并且如上一节所分析的,相对RIT指数的三年均值大于1而且出口份额增长速度快于东盟的章有02、07、12、13、18、19和20章,占中国农产品出口俄罗斯相对RIT指数大于1的总HS章数的63.64%。这说明,中国农产品对俄罗斯的出口不但在具体HS类别上显示出较强的区域贸易集中特性,而且与已经成为自由贸易区域的中国—东盟农产品贸易增长相比,也呈现出追赶的态势。

本质上,“自然贸易伙伴”关系是比较优势与规模经济综合作用的结果,因而,两国达成自由贸易协定,消除双边贸易中的不利因素,将进一步强化各自农产品出口的比较优势。反过来,中俄两国农产品“自然贸易伙伴”关系越紧密,越会促进双边自由贸易协定的达成,而一旦将来达成自由贸易协定后,“自然贸易伙伴”关系的潜力会进一步得到发挥。

7.3　中俄尽快达成双边贸易协定以促进农产品贸易增长

在"一带一路"沿线主要国家所构成的"小世界"网络背景下，通过假定达成中俄自由贸易协定[①]、进一步完善区域贸易网络结构，以促进中俄农产品贸易增长。

7.3.1　积极引导以顺应贸易创造效应

作为《关税及贸易总协定》(GATT)及随后世贸组织的例外条款，允许各关贸协定成员在不构成对其他成员贸易利益伤害的前提下达成自由贸易区与关税同盟。区域贸易协定的主要形式有特惠关税区、自由贸易区、关税同盟和经济一体化。本部分主要就农产品自由贸易协定展开讨论。

已有文献对自由贸易协定等区域贸易协定的作用有不同的观点。赞成者认为，全球贸易自由化可以先从区域贸易自由化开始，特别是在世贸组织"多哈回合"就农产品关税壁垒议题无法达成一致后，各成员方不得不面对一个事实，即全球化不等同于全球同步化，发达国家和地区的贸易自由化进程同发展中国家是不一样的，甚至发达国家之间也存在着贸易自由化水平差异。因而，赞成者(Baldwin，1996；Ethier，1998)等认为，区域性自由贸易率先达成的国家和

① 如无特别说明，本书专指货物自由贸易协定。

地区对其他国家和地区会产生引领和示范效应，贸易流量会向缔结了区域性自由贸易协定的国家和地区转移和集聚。而反对者认为，与一国或地区缔结区域性贸易协定可能会损害缔约国或地区的贸易条件，并会损害与非缔约国或地区的贸易，结果由自由贸易协定所带来的贸易创造可能小于贸易转移。Krugman(1992,1993)认为，关税同盟是否值得建立，取决于它是导致贸易创造还是造成贸易转移。更准确地说，是哪一种效应占主要地位，如果贸易创造效应占主要地位，那么区域性贸易协定是可行的，不但促进了缔约方双边(多边)贸易，也会在全球水平上促进贸易的增长；反过来，如果贸易转移效应占主导地位，其实质是现有贸易流量的重新分配，并有可能对缔约方的贸易条件和福利构成损害，对全球贸易流量总体增长而言也就没什么大的帮助。

从比较优势的角度分析，全球贸易发展的不平衡实质上也是比较优势的一种体现，各成员发展水平不同，比较优势也会随之而动态地变化；同时，各成员根据自身具体比较优势选择自由贸易协定缔约方，在本质上也会构成对全球比较优势分布态势的重新定位。因此，加入自由贸易协定的各成员所组成的区域同域外区域相比，贸易增长的倾向性也会有所变化，无论贸易流量还是贸易"质量"(即本书所指"技术含量")都可能由于自由贸易协定的缔结而发生变化。

7.3.2 自由贸易协定谈判有关农产品贸易的首要考虑

中国作为农业大国，农产品对俄罗斯出口存在一定的贸易潜力。中国与东盟达成的自由贸易协定包括了农产品贸易，因此东盟就成了中国农产品出口的主要市场。中国与俄罗斯尚未就达成双边自由贸易区协定展开正式谈判，但这不排除在双方的共同努力下在此方面取得突破和进展。

1. 自由贸易协定纳入农产品的必要性与紧迫性

对比中俄双边贸易额，中国农产品对俄出口总体上保持顺差。从2002年的3.89亿美元到2016年的9.44亿美元，[①]尽管最近几年存在波动，顺差有所下降，但总体上，顺差呈上升趋势，累计增长了142.7%。中国农产品对俄罗斯的出口潜力也比较大，中国农产品在中俄农产品双边贸易中占据主导地位，且在“一带一路”沿线主要国家中，俄罗斯也属于中国农产品优先出口目的国。

从区域性自由贸易协定网络分布来看，贸易保护主义重新抬头，“逆全球化”趋势有所加强，各国很难在农产品有关贸易政策方面达成一致，发达国家与发展中国家存在较大分歧，在这个大背景下，达成双边与多边的区域性贸易协议成为WTO的一个重要补充。而区域性自由贸易协定也从孤立的区域走向网络化的、交叉重叠的区域性自由贸易网络。达成区域贸易协定的国家相互之间越来越容易达成更多的协定，从而为未来更高层面的区域经济合作（比如关税同盟、经济联盟）奠定基础。由图7.1可知，尽管中国提出了“一带一路”倡议，但“一带一路”作为一个区域协定网络却是割裂的，属于“一路”的国家与属于“一带”的国家并没有联结起来，这不利于中国整合“一带一路”沿线有关国家，形成紧密贸易合作的“一带一路”区域贸易协定网络。

因此，如果要构建“一带一路”区域贸易协定网络，充分挖掘中国

---

① 详见表3.4。

农产品对俄出口贸易潜力，那么，中国与俄罗斯的自由贸易协定就必须首先考虑要包含农产品有关政策安排。在逆全球化趋势日趋加剧的时代背景下，中俄双方应当有紧迫感，求大同存小异，尽快达成包含农产品贸易在内的中俄自由贸易协定。

2. 保持贸易创造与贸易转移的平衡

自由贸易协定等区域性贸易安排具有双重性，该特性最早由Vinner(1950)提出，并从经济学意义上进行了全面分析。然而，一个区域性贸易协定的达成有时候可能不光是基于纯经济学考虑，还可能有政治经济学的考虑，缔约的双方，一方寻求市场的开放而另一方则需要政治支持。也就是说，一个自由贸易协定的缔结是经济利益与政治利益的综合考虑与平衡，但这可能会造成贸易创造与贸易转移的不平衡。

在农产品贸易领域，中国农产品对俄出口是主要的，而俄罗斯农产品对中国出口额相对比较小。如果达成双边自由贸易协定，俄罗斯农产品对中国出口有可能大幅增加，中俄农产品双边贸易甚至有可能从贸易顺差转为贸易逆差，由于俄罗斯农产品技术含量总体上仍高于中国(尽管双方差距在迅速缩小，但尚未达到逆转的程度)，以中低技术含量农产品出口为主的中国对俄罗斯的出口增长可能会进一步恶化贸易条件。如果贸易转移导致贸易条件恶化和福利减少，那么中国同俄罗斯在自由贸易协定谈判中包含农产品的意愿就可能降低，同样的情况也会发生在俄罗斯。但贸易创造和贸易转移不是一成不变的，随着要素价格的变化，比较优势也将相应地发生变动，总体上，在有效规避比较优势陷阱的前提下，贸易创造与贸易转移对自由贸易协定的双方而言也是一个动态平衡发展的过程。

总之，如本书所一再强调的，一个包含农产品在内的自由贸易协定对中国与俄罗斯来说都是必要的、紧迫的。因此，基于经济和政治的双重考虑，动态地对待贸易创造与贸易转移的平衡，即便在缔结协议的初期可能会造成中国农产品出口俄罗斯的贸易条件恶化，但只要中国农业劳动生产率水平不断提高，对农业的投入不断加大，从长期看，农产品的技术含量也会相应提高，中俄双边农产品贸易有望形成贸易创造大于贸易转移的良性发展局面，从而增进两国共同福利。

3. 合规对输俄农产品扶持

乌拉圭回合的一个重要贡献是给农业贸易以及各国国内农业政策施加了一系列规范。根据这些规范，对农业的补贴分为"黄箱补贴""蓝箱补贴"和"绿箱补贴"三类。"黄箱补贴"是"保护性"的，是对进出口农产品价格进行直接干预，因而对市场扭曲程度较大；而"蓝箱补贴"则针对农产品产量限制，文献一般认为对进出口作用不太明显，目前采用的国家不多；"绿箱补贴"对市场扭曲极小，主要包括农产品研发与技术推广，属于"支持性"政策。

从中国农产品对俄罗斯出口的实际出发，在现有中低技术含量农产品出口基础上，应当着眼于扩大高技术含量农产品对俄出口。因此，在现有农业补贴政策前提下，慎用"蓝箱补贴"，逐步减少"黄箱补贴"以减少市场扭曲，让具有自生能力的企业能进一步做大做强，在市场上发挥引领作用。大力支持"绿箱补贴"，加大农业科技投入，对战略性农产品或潜在战略性农产品的出口予以"绿箱补贴"倾斜。进一步地，可以从农产品生产的有关要素角度进行"要素补贴"，以最大限度地减少补贴对市场的扭曲程度。

4. 有关农产品生产质量标准与市场准入的考虑

正如前文有关对俄农产品出口存在的主要问题分析中所指出的,中国对俄罗斯的肉类出口因生产质量问题受到限制而大减。如果中俄自由贸易协定早日启动谈判,应当考虑纳入有关农产品特别是肉制品生产质量标准与市场准入等内容,这有助于降低中国农产品在进入俄罗斯市场时的市场准入不确定性,提高合规性,有利于中国企业根据其自身比较优势,针对俄罗斯农产品市场,选择、生产及出口适销对路的农产品。

7.3.3 自由贸易协定对农产品出口增长倾向性的影响

比较优势是国际贸易最基本的理论分析框架,比较优势随着要素价格的变化而动态变化。显然,自由贸易协定的缔结会对缔约各方的要素价格造成影响,因而,缔约各方的比较优势也会随之发生程度不一的变化,直至重新达到新的平衡。在这个再平衡过程中,一方农产品对另一方出口增长的倾向性不可避免地受到影响。

现有条件下,中低技术含量的农产品沿扩展边际方向实现的出口增长是目前中国农产品出口俄罗斯的一种比较现实、理性的选择,但这种选择也可能构成阻碍中国农产品出口俄罗斯向更高技术含量转变的“比较优势陷阱”。因而,如果中俄达成有关农产品自由贸易政策安排后,继续现有的出口增长倾向性有可能导致贸易条件的恶化。

中国农产品对俄出口现有模式存在以下不足:首先,中低技术含量的农产品对农业技术要求较低,市场竞争激烈,对出口价格比较敏感,因而对政府政策的依赖程度可能比较高,这会导致“黄箱政策”的滥用，从而会因对世贸组织规则的违背招致贸易报复。其次，扩展边际为主的贸易增长可能不具有规模效应。随着中国农业劳动生产率的提高，贸易固定成本的下降，中国农产品对俄罗斯的出口在缔结自由贸易协定后一定时期仍可能主要沿扩展边际的方向增长。但如果不改变中国农产品现有生产模式，继续原来的小作坊、小农业模式，那么，扩展边际所带来的总体贸易流量的增长最终可能遭遇瓶颈。

在中俄自由贸易协定框架下，农产品贸易出口固定成本会明显下降，贸易便利化程度更高，双方农产品贸易的顺差（逆差）将主要取决于各自的要素价格、生产率和农产品质量的提高幅度，也就是两国农产品比较优势的动态平衡。因而，以中高技术含量、集约边际方向为主的农产品出口增长模式可能是中国农产品扩大对俄罗斯出口、防止贸易条件恶化的重要保障。

7.3.4　自由贸易协定对农产品出口战略性增长的影响

战略性农产品具有较强的定价权和寻租能力，尽管目前中国农产品真正符合战略性贸易政策的细分种类不多，但通过显性比较优势对不同农产品细分的比较优势进行分类，有助于寻找潜在战略性细分农产品，可通过对这些细分产业进行要素补贴，在基本不发生市场扭曲的前提下，培育可能的符合战略性贸易政策的农产品。实际上，农产品战略性增长可以理解为比较优势动态变化过程中，一些农产品获得了相对于其他农产品而言的比较优势，具体表现为市场的“寻租”能力。

自由贸易协定缔结后，中俄双边的劳动与资本等要素流动趋于自由和便利，中俄双边农产品会从互补性为主演变到互补性与竞争性并存的态势。一方拥有定价权和寻租能力的农产品越多,就越能获得比较优势,从而在双边农产品贸易中居于不败之地。而具体的战略性农产品细分产品往往与具体的企业是相对应的,少数几个大企业将控制该农产品的价值链。因此,中国必须加速培育大型农业生产、加工一体化企业,整合潜在战略性农产品细分产业的上下游资源,构建全价值链产业体系。

需要特别指出的是,战略性贸易政策及其相关产业是一个全球性命题,如果中国单单在俄罗斯市场追求某一农产品的定价权和市场寻租能力,那么,该类农产品很可能被其他国家的类似农产品所替代,从而失去在俄罗斯的市场份额。同时,不容否认,如果中国拥有一个或几个在全球具有定价权和市场寻租能力的农产品,那么,在自由贸易条件下,会更容易获得在俄罗斯市场的战略性增长机会,这是中国同俄罗斯农产品实现自由贸易后一个可能的增长趋势。

总之,由于自由贸易协定的缔结会改变两国比较优势,在比较优势的动态再平衡过程中,出口增长的倾向性将发生改变,而战略性农产品的培育需要从全球角度来着手,但在自由贸易条件下,可能更容易获得在俄罗斯市场的战略性增长机会。

本章小结

2019 年 12 月 24 日,中、日、韩三国领导人聚首成都,协商、讨论三国经济发展与贸易相关问题。从本章给出的“一带一路”沿线主要国家及日、韩、美的区域贸易协定网络分布图可以看出,中、日、韩三国的区域经济合作网络非常紧密，而中国与俄罗斯虽然具备巨大的农产品贸易潜力，但同中国与日、韩及东盟之间的贸易密切关系相比，尚有不小差距。因此，本章在指出这一问题的基础上，作了一个简单的模拟，结果表明，在“一带一路”框架下，中国是连接“一带”与“一路”的非常合适的一个选择，“一带一路”会重新构建各国农产品贸易的比较优势分布，相应地，也将大大促进“一带一路”沿线各国农产品贸易乃至整体贸易水平的提升。

第8章　结论、政策建议与展望

本章归纳总结本书研究得到的主要结论并据此提出政策建议，并对未来研究提出展望。

8.1　主要结论

本书研究的核心逻辑是基于比较优势理论来研究中国农产品对俄罗斯出口增长的潜力、倾向性、战略性和在区域经济合作背景下的出口增长。比较优势不但会改变一国当前的出口，随着比较优势的动态变化，也必将改变一国未来的出口增长趋势。

本书认为，如果仅仅偏重于出口增长的某一个方面，并不能得到中国农产品对俄罗斯出口增长的特征全貌，从而得到的有关结论可能具有较大的片面性；只有综合运用贸易理论和分析工具，才能有效地把握好中国农产品对俄罗斯出口增长变化的总体特征，有利于制定合适的、针对性较强的政策。

因此，本书的研究结论是在综合比较优势下的潜力分析、倾向性分析的基础上，引入战略性贸易政策的分析逻辑，并结合区域经济合作相关分析而得到的。

8.1.1 中国农产品对俄罗斯出口潜力较大

本书对中国农产品出口“一带一路”沿线主要国家的贸易流量所进行的实证分析表明，中国农产品对俄罗斯出口潜力较大。主要表现在：(1) 从贸易流量总量看，根据扩展引力模型实证结果，俄罗斯与中国经济规模差距虽然较大，但与“一带一路”沿线主要国家相比，在影响中国农产品对俄罗斯出口因素中，俄罗斯的人均GDP、相对中国的市场容量，以及中俄互为陆上边境线最长国家的客观事实，均可促进中国农产品对俄罗斯的出口。俄罗斯自2012年加入世界贸易组织后，受惠于贸易成本进一步降低的预期，仍将成为中国农产品出口增长的潜在目标市场。因而，在“一带一路”框架下，随着“上海合作组织”等政治、经济联系的不断加深，最终会促进中国农产品出口贸易的增长。(2) 从中国农产品对俄罗斯出口的具体各章贸易流量看，在具体农产品层面，两国农产品具有一定互补性，且部分种类中国农产品对俄出口有竞争力。虽然在俄罗斯市场上，中国有竞争力的农产品种类不多，通过对比分析中俄两国的贸易互补性、竞争性与双边贸易强度，可以认为，在世界范围内，在农产品贸易领域，中俄两国总体上保持互补性大于竞争性的格局，双边农产品贸易强度有增加趋势，且中国对俄罗斯的贸易强度总体上高于俄罗斯对中国的贸易强度，这为中国继续在双边农产品贸易中保持主导地位提供了有利条件。

8.1.2 出口增长倾向性以中低技术含量为主沿扩展边际增长

对中国农产品出口特定国家增长的倾向性研究是本书的一个重点，也是一个有益尝试。基于比较优势，一国农产品出口增长不大可能在所有品种都有比较优势，出口增长大多依赖部分具有较强比较优势的增长。

由于缺乏有关文献，构建出口倾向性矩阵是一个难点，本书结合 Hummels & Klenow(2005)的出口二元边际测度贸易流量的倾向性，采用 Hausmann Rodrik(2005)的产品技术含量指标来测度贸易“质量”的倾向性。构建倾向性矩阵的主要作用在于分析出口增长的总体增长方向以及具体农产品类别层面的增长方向，在本书中，“增长方向”既包括出口贸易流量，也包括出口贸易“质量”，因而与一般文献中对出口增长的描述有所不同。

通过本书所构建的出口增长倾向性矩阵，清晰地展示了中国农产品出口俄罗斯总体上以及各章按 HS 分类标准所显示的微观层面上农产品技术含量与出口二元边际的内在联系。2002—2016 年，是中国在加入世贸组织后，农产品出口增长较快的时期。中国农产品对俄罗斯出口总体上也表现为增长，但这种增长主要表现为中低技术含量的农产品沿扩展边际方向所实现的增长。

扩展边际式的流量增长一定程度上可归因于中国农产品出口俄罗斯贸易成本的降低。如果生产率提高，规模经济导致成本降低，从而使得流量增长可以通过集约边际来实现，这成为未来中国农产品在俄罗斯市场出口倾向性转变的一个着力点。如果这种出口增长能进一步结合技术含量的提升，那么，就能实现可持续、较高质量的出口增长，并且在比较优势作用下，中国农产品对俄罗斯出口的增长不但可以是贸易绝对额的持续增长，也应当表现为市场相对份额的稳步扩大。

8.1.3　符合潜在战略性贸易政策的农产品有待进一步培育

对特定农产品及其所具备的比较优势而言，其出口增长路径有可能从自由竞争变成垄断性出口。因此，尽早发掘、培育符合潜在战略性贸易政策的农产品类别也可以成为促进中国农产品对俄罗斯出口增长的一个选项。

本书认为潜在的符合战略性贸易政策的农产品是可能存在的，但在如何识别和培育方面存在一定的难度。对比较优势的动态变化的相关研究（林毅夫，2014；徐元康，2016）表明，可以从比较优势动态变化的角度来识别、培育可能的潜在符合战略性贸易政策的农产品。本书从世界市场与俄罗斯市场两个方面对比分析了中国农产品出口的显性比较优势，与一般文献不同，本书引入 K-means 算法，从而在一定程度上避免了对农产品显性比较优势分类的主观性。

由于国与国之间存在比较优势差异，农产品出口在世界市场与在俄罗斯市场的显性比较优势有可能不同。在世界出口领先并具有较大比较优势的细分农产品，不一定在俄罗斯同样具有较大的比较优势（如 05 章）。通过相关分析，本书提出显性比较优势最强的 52 章可能是潜在的符合战略性贸易政策的农产品，但是，仅凭显性比较优势指标 RCA（Balassa，1965），不一定能真正准确识别符合战略性贸易政策的农产品，这是由于本书所采用的显性比较优势只能测度出口竞争实力，而不能测度该产品的市场结构与“租”的获取能力大小，这也是本书研究的一个主要不足之处。

如何培育已识别的潜在战略性贸易细分农产品,针对文献已有的“黄箱政策”“绿箱政策”以及所谓“价值链上游补贴”,本书提出了对潜在符合战略性贸易政策的特定农产品的“要素补贴政策”,这一观点与林毅夫(2014)、徐元康(2016)对要素与比较优势的分析是一致的,也可以称之为“精准补贴”。

对在世界市场和俄罗斯市场都拥有很强比较优势的中国农产品,进行针对性的要素补贴,将其纳入潜在的符合战略性贸易政策的农产品集合中,对促进中国农产品在俄罗斯出口的进一步增长,乃至在世界市场份额的进一步扩大,都有较大的实际价值。

8.1.4 中俄自由贸易协定的缺位不利于农产品贸易增长

本书认为,从区域协定网络联通性的角度看,截至2016年年底“一带一路”作为一个区域性经济发展网络,实质上“一带”国家与“一路”国家的区域贸易协定网络的连接仍然有许多工作要做。例如,中国属于“海上丝绸之路”区域贸易协定网络中的节点,俄罗斯则属于“丝绸之路”经济带区域贸易协定网络中的节点。从贸易成本角度看,中国农产品进入俄罗斯市场的成本由于没有相关自由贸易协定的便利保障而变得高企难降。从中俄双边农产品贸易看,部分农产品符合“自然贸易伙伴”特征,其区域贸易集中度RIT指数(Yeats,1997)均大于1,表明两国缔结自由贸易协定后,这些农产品在中俄双边贸易区域不会发生贸易转移,反而会促进新的贸易机会的产生。

因而,中俄自由贸易协定的缺位,将成为中国农产品对俄罗斯出口进一步增长的阻碍。反过来,尽早缔结包含农产品在内的中俄自由贸易协定，有助于中国农产品对俄罗斯出口增长的倾向性趋于合理，并使得农产品战略性增长的可能性增加。

8.2 政策建议

8.2.1 基于比较优势全面分析俄罗斯市场的农产品需求

研究一国农产品如何走向国际市场时，首先要挖掘自身的出口潜力，搞清楚目标市场的市场需求，以及是否具有满足这种需求的产品；其次，如果存在符合需求的农产品，那么这些农产品是否具有比较优势？是否能在国际竞争中胜出？

因此，应当以比较优势为基本分析工具，全面分析俄罗斯农产品的市场需求。只有那些在俄罗斯市场具有比较优势且能满足俄罗斯市场需求不断增长的农产品，才是有效的供给。只有明确了俄罗斯农产品市场的真正需求，中国农产品对俄罗斯的出口才可能有序持续增长。

可以从两国农产品贸易的互补入手，基于比较优势精准分析俄罗斯对中国农产品的市场需求，分析适合对俄出口的中国农产品自身是否存在较大的出口潜力，其贸易强度是否有进一步增加的可能。例如，俄罗斯虽然横跨欧亚大陆，但其农产品消费结构类似于欧洲，对肉类及其制品的市场需求较大。因此，要有效增加对俄农产品的出口，就必须设法提高中国肉类产品在俄罗斯市场的比较优势。具体而言，可以考虑引进俄罗斯消费市场畅销的牛、羊品种，实现在中国境内的本土化养殖;同时,也可以适当引进适合俄罗斯消费习惯的肉类加工技术,做到产销对路。与中国气候多样性不同,俄罗斯绝大部分国土都属于温带、寒带,因而,俄罗斯独特的自然地理环境,决定了其可供生产的农产品种类较少,部分农产品比如热带鱼类等严重依赖进口。

8.2.2 努力提高输俄农产品的技术含量

在中国农产品对外出口的实践中,具有比较优势的农产品会率先走向国际市场。应当引导这些在国际市场竞争中具有比较优势的农产品有序进入俄罗斯市场,而实现这一目标的一个重要手段就是不断提高对俄出口农产品的技术含量,从“以量取胜”转为“以质取胜、量与质并重”。进一步研究这些具有比较优势的农产品对俄出口增长的倾向性变化特征,其实是比较优势在一段时间作用的结果。只有不断加大相关技术投入和研发力度,才能不断提高对俄农产品出口的技术含量,促使中国农产品对俄出口倾向性向“质量型”逐步提升。

首先,在保持中国农产品对俄罗斯出口数量增长的基础上,合理调整出口结构,加大对现有高技术含量的农产品的扶持力度,进一步提高研发资本投入;其次,对低技术含量的初级农产品,通过深加工、精加工实现产业升级,以满足俄罗斯市场需求。最后,制定相关政策,扩大中国与俄罗斯在农产品质量、检验检疫,以及贸易便利化等方面的合作。

8.2.3 做大做强具有潜在战略性增长的细分农产品种类

如果部分农产品在国际市场长期保持比较优势，形成了强大的市场定价能力和市场寻租能力，那么，其中的一个或几个农产品细分产业就可能符合战略性贸易政策，寻找和培育潜在的战略性农产品就可能为一国农产品战略性增长奠定坚实的基础。

实现这一目标不是一年两年的事情，但寻找、培育符合战略性贸易政策的农产品细分产业，对于中国农产品对俄罗斯出口增长的可持续性而言是十分重要的。

本书认为，可以从两个方面来达成这一目标。首先，寻找、培育全球性符合战略性贸易政策的农产品细分产业，并利用其强大的定价优势和竞争力打开俄罗斯市场，同时反过来进一步稳固该农产品细分产业在全球的寻租能力。如本书提出的"原棉"这一农产品细分产业，虽然中国的"原棉"及其深加工已经具备相对比较优势，但仍与成为全球性符合战略性贸易政策的农产品有不小差距，需要中国政府采取系统的、针对性较强的、精准点穴式的产业扶持政策，在满足国内巨大的原棉消费市场的基础上，不断扩大在世界的出口份额，成为全球原棉价格的垄断者，并以此为后盾，不断提高在俄罗斯市场的份额。其次，可以在俄罗斯市场这个范围内，寻找、培育在俄罗斯市场具有较高寻租能力的农产品，尽管这些农产品可能在全球不具备绝对的"寻租"能力，但由于在俄罗斯市场形成的较强的寻租能力，使得该农产品在俄罗斯市场也具有一定的定价功能，由于中俄两国日益密切的政治、经济和文化联系，两国都有意加强彼此的经贸合作，这就为在俄罗斯具有较强定价能力中国农产品的存在提供了较大的政策空间，因而也就具备了一定的可行性。

8.2.4 深化中俄共同参与的区域性农贸合作网络

中国农产品对俄罗斯出口的增长，也必须考虑到在各种区域性贸易协定下的网络结构中如何实现有效的增长。第一，根据本书的研究，区域性贸易合作已经越来越从双边协定向多边协定转换，越来越具有网络化特征。因此，在这个大背景下，中俄农产品贸易的发展变化并非简单的是中国与俄罗斯两国之间的事情，更有可能是中国与俄罗斯各自的区域性合作协定的对接与相互覆盖。中俄两国不仅要积极促进区域贸易协定的达成，还要从长远考虑促进两国范围更广、形式多样的贸易与经济合作协定的发展、联通和优化。

第二，深化、优化中俄区域性农产品贸易合作网络，应当在“一带一路”倡议下有序推进。虽然“一带一路”倡议的内涵远远超越了中俄农产品贸易的范畴，但农产品贸易合作与发展共赢同样是“一带一路”倡议的重要组成部分。

第三，深化、优化中俄共同参与的区域性农产品贸易合作网络，既可以带来贸易创造效应，也会在面对美国发起的贸易战的严峻挑战之时，应对中国农产品传统的出口市场如日本、韩国及东南亚等形成的冲击之时，降低中国农产品过于依赖日、韩及东南亚市场的风险。

8.2.5 优化中俄农产品贸易的营商环境

十八大以来，中国政府在优化国内营商环境方面出台了许多具有可操作性的政策。2018 年首次国务院常务会议的首个议题，是部署进一步优化营商环境。2018年1月3日，李克强总理在国务院常务会议上强调："政府工作不仅要继续改善基础设施等'硬环境'，更要通过体制机制创新，优化营商环境，在'软环境'上有新突破。"李克强总理指出，按照党的十九大和中央经济工作会议精神，改革创新体制机制，进一步优化营商环境，是建设现代化经济体系、促进高质量发展的重要基础，也是政府提供公共服务的重要内容。李克强总理强调："必须认识到，优化营商环境就是解放生产力，就是提高综合竞争力！"

这些政策的目的旨在降低企业参与国际贸易的相关成本。因而，相关政策的落地及后续的不断优化，显然也有利于改善中俄两国农产品贸易的营商环境，降低彼此的贸易成本。具体而言，可以从以下几方面着手：

1. 简化中俄两国农产品相关企业的设立程序

扩大对俄罗斯农产品出口，从微观上看，离不开一个个具体企业的充满活力的经营活动。在日益高涨的中俄经贸活动热潮下，要不断简化、优化农产品企业的设立程序，让更多的中俄农产品企业在两国间顺利开业，不断扩大中俄农产品市场参与者的数量基数。

2. 统一两国农产品检验检疫流程和农产品安全标准

农产品检验检疫流程与安全标准，对农产品是否能进入一国市场关系重大。基于对等原则，中俄两国有关部门应当本着友好协商、实事求是的原则，从发展的角度，使得两国双边农产品进出口检验检疫流程以及农产品安全标准逐步同步接轨，从而有助于企业从一开始就知道什么样的农产品对俄罗斯市场而言是合格的，易于通过检验检疫。

3. 进一步优化贸易便利化措施、降低双边通关成本

农产品由于存在保鲜要求，因而在通关时效上有特殊要求。如果一批新鲜的苹果由于通关时间过长而导致品质下降甚至腐烂，那么对中俄双方的进出口企业而言都是损失。具体而言，首先要大幅简化通关流程、降低农产品通关成本，以减少因通关时间过长所引起的农产品品质下降问题。其次，在“一带一路”、中俄全面战略合作伙伴关系的大背景下，通过中俄政府层面的有效沟通，不断优化改善农产品通关流程，加大通关自动化、网络化、智能化等方面的投入。最后，在办理通关手续中，大力提高海关、税务、检验检疫、物流等多部门工作的协同性，实现多部门数据共享，使对俄农产品出口企业在通关便利化、降低通关成本等方面的“获得感”不断增强。

4. 积极推广电子商务平台在农产品出口中的应用

电子商务已经从一种新的商业形态转化为一种几乎随处可见的贸易模式。相对俄罗斯而言，中国的电商环境、电商经营模式更为成熟。这就为中国领先的电商平台如阿里巴巴、京东等率先布局俄罗斯农产品电商市场带来了巨大的商机。而通过中国企业早已熟悉的电商平台实现对俄罗斯农产品出口，有助于降低交易成本，缩短交易时间，并扩大农产品的增长边际，有助于中国农产品向质量型出口增长倾向性升级转移。

另外，生鲜产品由于在保鲜方面对时效性有特殊的要求，借助电子商务平台及时便捷的特点，可大大缩短俄罗斯消费者选择的时间，同时降低成本。在这一领域，阿里系的“盒马生鲜”表现突出，在其门店所及范围，生鲜农产品从下单至送达仅需半个小时。可以想见，如果中国领先的电商平台能在俄罗斯实现农产品“半小时”送达，那么，

对于中国农产品，特别是生鲜类农产品的出口，会是一个极大的促进。

因此，不断扩大电子商务在农产品出口市场所占的份额，创新农产品出口贸易模式，提高农产品贸易科技水平，这将成为未来中国农产品对俄罗斯出口增长的一个重要推动器。

8.2.6　推动多元农业资本投入、保护农产品知识产权

中国正在推进“供给侧”改革，以及混合所有制改制工作。在农业领域，多元化的农业资本投入，特别是鼓励、引导民营资本对农业的投入，有助于改善投资结构，促进农业领域的“供给侧”改革和混合所有制改制工作的深入。保护农产品知识产权对促进多元化农业资本投入特别是引进民营资本尤其重要。

1. 加大农业资本投入，特别是民营资本投入

中俄两国虽然都是市场经济，但基本政治制度不同，民营资本可以在中俄农产品贸易中发挥重要的先导功能。与一些国有大型农业企业相比，民营农业企业相对偏小，比较灵活，因而可以在中俄农产品贸易、投资中先行先试，“船小好调头”。同时，可以采用“走出去”“引进来”的办法，引导各类资本投资俄罗斯农业，比如长期租赁俄罗斯远东农田，充分发挥中国农业人口众多、人力相对便宜的优势，从而结合俄罗斯土地要素与中国劳动力要素的优势，强强联合。

2. 促进农业科技合作、保护农产品知识产权

世界各国对农业科技投入都相当重视，中国也不例外。2017年，中国政府一号文件提出了“优化农业结构，强化科技创新驱动，引

领现代农业加快发展”的总体目标。强化科技创新驱动离不开对农产品知识产权的有效保护。中国与俄罗斯可以在“一带一路”倡议的大框架下，本着互惠互利、合作共赢的宗旨，加大对农产品知识产权保护力度，从而引导和激励更多的产业资本，特别是民营资本参与到中俄两国农业科技合作的进程中。

中国与俄罗斯可以在农业科技合作上展开交流，可以重点研究两方面内容：首先，提高中国农产品的耐寒性，从而为中国农产品在俄罗斯直接种植奠定技术基础；其次，研究如何促使俄罗斯本土农产品以及其他深受俄罗斯消费者欢迎的农产品适应中国土壤、气候环境，特别是适应临近俄罗斯的东北、内蒙古以及新疆等地区的地理环境。可以将一些原本只宜在中国南方种植的具有较高比较优势的农作物，通过农业科技改造、种子改良等技术手段，使其能在东北、内蒙古以及新疆等地实现大面积高产，然后就近进入俄罗斯市场，如此可大大降低物流成本，提高中国农产品对俄罗斯出口的效率。

8.3 研究展望

笔者以后可能进一步深入研究探讨的问题：一是继续完善相关分析框架；二是将有关研究结论同实际情况进一步深度融合，从而更好地服务于中俄农产品贸易实践。

8.3.1 进一步完善相关分析框架

本书的分析框架包括出口潜力分析、出口增长倾向性分析、战略性贸易政策下的增长分析以及区域贸易协定网络下的出口增长分析等。通过该分析框架，可以对中国农产品对俄罗斯出口增长变化有一个较为完整的认识。

但本书有关分析框架建立在静态比较优势的前提下，而对要素动态变化条件下，比较优势如何变化，如何影响出口增长倾向性，如何优化要素的配置以促进出口增长，尚有许多细节需要明确。对本书分析框架进一步改进的核心逻辑是引入要素变动，在动态比较优势的前提下，更深入地实证分析中国农产品对俄罗斯出口增长的变化趋势。

8.3.2　将实证结果与贸易实践结合

今后的研究，在出口潜力方面，可尝试引入更多的变量以进一步改进扩展引力模型。而针对出口增长倾向性分析，下一步的研究重点将落在出口贸易流量倾向性与出口贸易“质量”倾向性是否存在因果关系上，也就是要回答，一国出口的倾向性最初是由量变引起质变，还是“质”“量”互变，以及要素价格的变动对出口流量倾向性与出口质量倾向性的影响如何测度。对战略性贸易政策下的出口增长研究，除了继续寻找潜在的符合战略性贸易政策的细分农产品外，重点关注如何实施要素补贴，以及如何构建要素动态变化下的战略性贸易博弈模型等。

参考文献

(一) 中文文献

[1]〔美〕保罗·克鲁格曼.战略性贸易与国际经济[M].海闻,译.北京:中信出版社,2016:14—18.

[2] 蔡昉.中等收入陷阱的理论、经验与针对性[J].经济学动态,2011,(12).

[3] 陈强.计量经济学及Stata应用[M].北京:高等教育出版社,2015.

[4] 陈秀山,张可云.区域经济理论[M].北京:商务印书馆,2005.

[5] 崔宁波,〔俄〕尤里·达维多维奇·施密特.乌克兰危机下的中俄农产品贸易发展趋势及对策研究[J].求是学刊,2015,(5):1—8.

[6] 代谦,何神宇.国际分工的代价:垂直专业化的再分解与国际风险传导[J].经济研究,2015,(5):20—34.

[7] 董桂才.引力模型在我国农产品出口市场多元化中的应用

研究[J]. 国际商务,2009,(3):16—24.

[8] 杜修立,王维国. 中国出口贸易的技术结构及其变迁:1980—2003[J]. 经济研究,2007,(7):137—151.

[9] 樊纲,关志雄,姚枝仲. 国际贸易结构分析——贸易品的技术分布[J]. 经济研究, 2006,(8):70—80.

[10] 范爱军,刘馨瑶. 中国机电产品出口增长的二元边际[J]. 世界经济,2012,(5):36—42.

[11] 范淼,李超. Python 机器学习及实践[M]. 北京:清华大学出版社,2016.

[12] 高鸿业. 西方经济学(第 5 版)[M]. 北京:中国人民大学出版社,2011.

[13] 关志雄. 从美国市场看中国制造的实力——以信息技术产品为中心[J]. 国际经济评论,2002,(7—8):5—11.

[14] 何敏,田维明,Andrew C. 中日韩农产品出口贸易技术结构及演变——基于出口复杂度的实证研究[J]. 农业技术经济, 2012,(5):104—113.

[15] 康晓玲,吴萱. 中俄贸易互补性实证分析[J]. 对外经贸,2015,(7):42—97.

[16]〔美〕克鲁格曼等. 国际经济学理论与政策(第 8 版)[M]. 黄卫平等,译. 北京:中国人民大学出版社,2011.

[17] 邝艳湘. 当前中俄双边贸易的竞争性和互补性实证研究[J]. 国际商务研究,2011,(1):41—48.

[18] 李仲平. 上游补贴规则:国际反补贴法的重大发展—基于美国商务部实践的考察[J]. 国际经贸探索,2011,(10):62—69.

[19] 林毅夫,李永军.比较优势、竞争优势与发展中国家的经济发展[J].管理世界,2003,(7).

[20] 林毅夫.新结构经济学(第2版)[M].北京:北京大学出版社,2014.

[21] 刘璞,浅析战略性贸易政策下的补贴[J].国际经贸探索,2001,(5):8—10.

[22] 刘志中."一带一路"战略下中俄双边贸易的竞争性、互补性及发展潜力[J].经济问题探索,2017,(7):95-115.

[23] 龙婷,潘焕学,马平,石小亮.基于复杂网络的国际木质林产品贸易动态分析[J].经济问题探索,2016,(4):170—182.

[24] 孟昌,赵旭.中美农业补贴政策的若干比较与借鉴[J].国际贸易问题,2008,(2):35—40.

[25] 彭徽.国际贸易理论的演进逻辑:贸易动因、贸易结构和贸易结果[J].国际贸易问题,2012,(2):169—176.

[26] 钱学锋,熊平.中国出口增长的二元边际及其因素决定[J].经济研究,2010,(1).

[27] 邱斌,唐保庆,孙少勤,刘修岩.要素禀赋、制度红利与新型出口比较优势[J].经济研究,2014,(8):107—119.

[28] 盛斌,廖明中.中国的贸易流量与出口潜力——引力模型的研究[J].世界经济,2004,(2):3—12.

[29] 施炳展,李坤望.中国出口贸易增长的可持续性研究——基于贸易随机前沿模型的分析[J].数量经济技术经济研究,2009,(6):64—74.

[30] 帅传敏.基于引力模型的中美农业贸易潜力分析[J].中国

农村经济,2009,(7):48—58.

[31] 苏东水.产业经济学[M].北京:高等教育出版社,2010.

[32] 孙致陆,李先德.经济全球化背景下中国与印度农产品贸易发展研究——基于贸易互补性、竞争性与发展潜力的实证分析[J].国际贸易问题,2013,(12):68—78.

[33] 孙致陆,李先德.世界农产品出口贸易技术结构收敛了吗——基于主要农产品出口国1995—2012年数据的检验[J].国际贸易问题,2015,(5):41—52.

[34] 谭秀杰,周茂荣.21世纪"海上丝绸之路"贸易潜力及其影响因素——基于随机前沿引力模型的实证研究[J].国际贸易问题,2015,(2):3—12.

[35] 汤碧.中国与金砖国家农产品贸易:比较优势与合作潜力[J].农业经济问题,2012,(10).

[36] 佟家栋.国际贸易理论的发展及其阶段划分[J].世界经济文汇,2000,(1).

[37] 汪贤裕,肖玉明.博弈论及其应用[M].北京:科学出版社,2008.

[38] 王珏,战略性贸易政策:发达国家与发展中国家的博弈[J].国际贸易问题,2005,(9):125—128.

[39] 王开,靳玉英.区域贸易协定发展历程、形成机制及其贸易效应研究[M].上海:格致出版社、上海人民出版社,2016.

[40] 王亮,吴浜源,丝绸之路经济带的贸易潜力分析[J].经济学家,2016,(4).

[41] 邢孝兵,我国战略性贸易政策实践[J].国际商务,2008,

(5):15—20.

[42] 徐朝阳,林毅夫. 发展战略与经济增长[J]. 中国社会科学,2010,(3).

[43] 徐元康,战略性贸易政策与比较优势动态升级研究[J]. 税务与经济,2016,(2):16—22 .

[44] 许和连,孙天阳. TPP 背景下世界高端制造业贸易格局演化研究——基于复杂网络的社团分析[J]. 国际贸易问题,2015,(8):3—13.

[45] 许为,陆文聪. 中国农产品比较优势的动态变化 1995—2013 年 [J]. 国际贸易问题,2016,(9).

[46]〔美〕亚蒙·莱斯特等. 双边和区域贸易协定:评论与分析[M]. 林惠玲等,译. 上海:上海人民出版社,2016.

[47] 杨高举,黄先海. 中国会陷入比较优势陷阱吗[J]. 管理世界,2014,(5):5—19.

[48] 杨鸿,加入世贸组织后我国补贴政策调整的基本思路——以出口补贴政策为例[J]. 国际贸易问题,2003,(3):5—8.

[49] 杨汝岱. 中国工业制成品出口增长的影响因素研究:基于 1994—2005 年分行业面板数据的经验分析[J]. 世界经济,2008,(8).

[50] 杨希燕,王笛. 中俄贸易互补性分析[J]. 世界经济研究,2005,(7):71—77.

[51] 尹宗成,田甜. 中国农产品出口竞争力变迁及国际比较:基于出口技术复杂度的分析[J]. 农业技术经济,2013,(1).

[52] 于津平. 中国与东亚主要国家和地区间的比较优势和贸易

互补性[J].世界经济，2003,(5).

[53] 余振,周波,邱珊. 论中国—俄罗斯 FTA 的经济基础与路径选择——基于自然贸易伙伴假说[J].中国社会科学院研究生院学报,2014,(6):137—144.

[54] 曾国平,申海成. 中国农产品出口贸易影响因素研究——基于贸易引力模型的面板数据[J].重庆大学学报(社会科学版),2008,(2).

[55] 张合平,冷志明.区域经济合作的行为生态学研究——一个分析框架的提出与构思[J]. 经济地理,2009,(1):59—62.

[56] 张磊等.贸易政策分析实用指南[M].北京:对外经贸大学出版社,2013.

[57] 张晓钦. 区域经济一体化的演化脉络及对 CAFTA 的启示[J].亚太经济,2015,(6):91—94.

[58] 赵捷.金砖国家合作机制下中国与巴西农产品贸易发展研究——基于贸易特征及趋势、互补性与增长潜力的实证分析[J].世界农业,2017,(4):41—47.

[59] 赵伟.高级国际贸易学十讲[M].北京:北京大学出版社,2014.

[60] 赵雨霖,林光华.中国与东盟 10 国双边农产品贸易流量与贸易潜力的分析——基于贸易引力模型的研究[J].国际贸易问题,2008,(12):69—77.

(二) 英文文献

[1] *A Practical Guide to Trade Policy Analysis* [M]. United Na-

tions and the World Trade Organization, 2012.

[2] Anderson J. E. A Theoretical Foundation for the Gravity Equation[J]. *The American Economic Review*, 1979,69(1):106-116.

[3] Anderson James E. , van Wincoop E. Trade Costs[J]. *Journal of Economic Literature*,2004, 3(42):691-751.

[4] Andersson, Martin. Entry Costs and Adjustments on the Extensive Margin—An Analysis of How Familiarity Breeds Exports[R]. CESIS Electronic Working Paper Series, 2007,(81).

[5] Armington P. S. A Theory of Demand for Products Distinguished by Place of Production[J]. *International Monetary Fund Staff Papers*,1969,(16).

[6] Armstrong S. Measuring Trade and Trade Potential: A Survey [R]. Asia Pacific Economic Paper, 2007,(368).

[7] Balassa B. Trade Liberalization And Revealed Comparative Advantage[J]. *Manchester School of Economics and Social Studies*, 1965, 33(2):99-123.

[8] Baldwin R. The Causes of Regionalism[J]. *The World Economy*,1997,20(7):865-888.

[9] Benard A. B. , Jensen J. B. Why Some Firms Export[J]. *Review of Economics and Statistics*,2004,86(2):561-569.

[10] Bergin P. , Corsetti G. The Extensive Margin and Monetary Policy[J]. *Journal of Monetary Economics*, 2008,(55):1222-1237.

[11] Besedes T. , Prusa T. J. The Role of Extensive and Intensive Margins and Export Growth [R]. NBER Working Paper, 2007,

(13628).

[12] Bhagwati J. Immiserizing Growth A Geometrical Note[J]. *The Review of Economic Studies*, 1958, 25(3):201-205.

[13] Brander J. A., Spencer B. J. Export subsidies and international market share rivalry[J]. *Journal of International Economics*, 1985,(18):83-100.

[14] Chaney T. Distorted Gravity: The Intensive and Extensive Margins of International Trade[J]. *The American Economic Review*, 2008, 98(4):1707-1721.

[15] Creane A., Miyagiwa K. Information and disclosure in strategic trade policy[J]. *Journal of International Economics*, 2008, 75: 229-244.

[16] Dixit, Avinash K., Joseph E. S. Monopolistic Competition and Optimum Product Diversity[J]. *American Economic Review*, 1977, 67(3):297-308.

[17] Dornbusch R., Fischer S., Samuelson P. A. Comparative Advantage, Trade, and Payments in a Ricardian Model with a Continuum of Goods[J]. *American Economic Review*, 1977,(47): 823-839.

[18] Eaton J, Kortum S. Technology, Geography, and Trade[J]. *Econometrica*, 2002,70:1741-1779.

[19] Egger P. An Econometric View on the Estimation of Gravity Models and the Calculation of Trade Potentials[J]. *The World Economy*, 2002,25(2):297-312.

[20] Ethier. The New Regionalism[J]. *Economic Journal*, 1998,

108(449):1149-1161.

[21] Felbermayr G. J. Kohler W. Exploring the Intensive and Extensive Margins of World Trade[J]. *Review of World Economics*, 2006,142(4):642-674.

[22] Felipe J., Kumar U., Usui N. Why has China Succeeded—And Why It will Continue to Do So[J]. *Cambridge Journal of Economics*, 2013,37(4):791-818.

[23] Flam, Harry, Helpman, Elhanan. Vertical Product Differentiation and North-South Trade[J]. *American Economic Review*, 1987, 77(5):810-822.

[24] Grossman G. M., Helpman E. *Innovation and Growth in the Global Economy*[M]. Cambridge: MIT Press, 1991.

[25] Hausmann H. J., Rodrik D. What You Export Matters [R]. NBER Working Paper, 2005, (11905).

[26] Helpman E., Melitz M., Rubinstein Y. Estimating Trade Flows: Trading Partners and Trading Volumes[J]. *Quarterly Journal of Economics*, 2008, 123(2).

[27] Helpman, Krugman. *Market Structure and Foreign Trade: Increasing Returns, Imperfect Competition, and the International Trade*[M]. Cambridge: MIT Press, 1985.

[28] Hummels D., Klenow P. I. The Variety and Quality of a Nation's Exports[J]. *American Economic Review*, 2005, 95(3): 704-723.

[29] Kancs A. Trade Growth in a Heterogeneous Firm Model Evi-

dence from South Eastern Europe[J]. *The World Economy*, 2007, 30(7):1139-1169.

[30] Kojima K. The Pattern of International Trade among Advanced Countries[J]. *Hitotsubashi Journal of Economics*, 1964, (5): 16-36.

[31] Krugman P. *Is Bilateralism Bad International Trade and Trade Policy*[M]. Cambridge, Cambridge University Press, 1992, 58-84.

[32] Krugman P. R. Scale Economies, Product Differentiation, and the Pattern of Trade[J]. *American Economic Review*, 1980, (70): 950-959.

[33] Krugman P. R. *Regionalism Versus Multilateralism Analytical Notes in New Dimension in Regional Integration*[M]. Cambridge, Cambridge University Press, 1993.

[34] Lall S., Weiss J., Zhang J. K. The Sophistication of Exports A New Trade Measure[J]. *World Development*, 2006, 34(2):222-237.

[35] Laursen K. *Trade Specialisation, Technology and Economic Growth. Theory and Evidence from Advanced Countries*[M]. UK: Cheltenham: Edward Elgar, 2000.

[36] Lorz O., Wrede M. Trade and Variety in Model of Endogenous Product Differentiation[J]. *The B. E Journal of Economic Analysis & Policy*, 2009, 9(1):1-14.

[37] Lucas R. E. Econometric Policy Evaluation: A Critique[J]. *The Philips Curve and Labor Markets*, 1976a:19-46.

[38] Marta Arespa. The Intensive and the Extensive Margins: Not Only an International Issue [J]. *Port Econ*, 2013(12):1-34.

[39] Melitz M. The impact of trade on intra-industry reallocations and aggregate industry productivity[J]. *Econometrica*, 2003,(71): 1695-1725.

[40] Pentecôte J. S., Poutineau J. C., Rondeau F. Trade Integration and Business Cycle Synchronization in the EMU: The Negative Effect of New Trade Flows [J]. *Springer Open Econ*, 2015,(26):61-79.

[41] Rodrik D. What So Special about China's Exports[J]. *Economic Policy*, 2006,23(53):5-49.

[42] Samuelson P. An Exact Hume-Ricardo-Marshall Model of International Trade[J]. *Journal of International Economics*, 1971(1): 1-18.

[43] Schiff M W. The Real Natural Trading Partner Please Stand up[J]. *Journal of Economic Integration*, 2001,16(2):246-261.

[44] Tibor B., Thomas J, Prusa. The Role of Extensive and Intensive Margins and Export Growth [J]. *Treliminary and Incomplete*, 2006.

[45] Vanek J., Studenmund A. H. Towards a Better Understanding of the Incremental Capital-Output Ration[J]. *The Quarterly Journal of Economics*, 1968, 82(3):452-464.

[46] Viner, Jacob. *The Customs Union Issue*[M]. NY: Carnegie Endowment for International Peace, 1950.

[47] Watts D. J. , Strogatz S. H. Collective Dynamics of "Small-World" Networks[J]. *Nature*, 1998,393(6684):440-442.

[48] Wonnacott P. , Lutz M. Is There A Case For Free Trade Areas in Schott[R]. Free Trade Areas and U. S. Trade Policy,1989.

[49] Wu X. D. , Vipin K. 数据挖掘十大算法[M]. 李文波,吴素研,译. 北京:清华大学出版社,2013.

[50] Yeats A. J. Does Mercosur's Trade Performance Raise Concerns about the Effects of Regional Trade Arrangements? [R]. Policy Research Working Paper. Washington D. C. : The World Bank, 1997.

致　谢

一晃四年，博士研究生涯即将过去，人生也将步入下一个阶段。四年的学习研究，最主要的收获是明白了研究是一种苦中作乐的人生，它必须是快乐的，也必定是艰辛的，总体上，快乐应当大于艰辛。因为读博士，这是我的坚定选择，无怨无悔。

人们常言，师者，传道授业解惑也。导师不光是学业上的，同时，也应当是思想上的。我的导师杨逢珉教授不但学识渊博、著作等身，而且师德高尚。衷心感谢我的恩师杨逢珉教授，在学业上对我谆谆教诲，严格要求；思想上对我关心鼓励。我的导师永远都充满着乐观向上的精神，具有强大的人格魅力。

感谢在华东理工大学学习的四年，感谢吴柏均教授、吴玉鸣教授、张永安教授、秦承忠教授、孙定东副教授和叶志强老师等。这些老师学识渊博、才华横溢，听他们讲课是一种十分美妙的享受，也是我人生中不可多得的机缘，从他们的精彩讲课中，我学到了很多，也悟到了很多。

四年时光如白驹过隙，说长也短，说短还长。同门情谊，终生难忘。特别感谢叶荣、孙晓蕾两位同门给予的大力帮助，特别感谢金缀桥对我写作论文的无私帮助。特别感谢李文霞、李晶、杨思惠、韦灵慧、丁建江、胡亚辉、向鑫和吴梦怡等同学在我四年的求学生涯中所给予的宝贵支持。

对于我的家人，我不光是感谢，更多的是愧疚！唯愿一生长相伴。言及至此，我不仅要自问，博士毕业，就不再继续学术研究了吗？或者说，博士毕业，应当如何开启新的研究之路？今后，唯有将理论与实践结合，更多地在自己感兴趣的经济领域，用所学所思，继续在快乐的求知中艰辛跋涉。

最后，感谢亲爱的华东理工大学，祝愿母校永远强大，永远朝气蓬勃，这里永远是我心灵深处的家！